NEM A PÉNZ A PROBLÉMA, HANEM TE

GARY M. DOUGLAS & DR. DAIN HEER

ACCESS CONSCIOUSNESS PUBLISHING

Eredeti cím: Money isn't the problem, you are
Második Kiadás
Szerzői jog © 2013 Gary M. Douglas és Dr. Dain Heer
Access Consciousness Publishing
www.accessconsciousnesspublishing.com
Első kiadás megjelent a Big Country Publishing kiadónál 2012-ben

Nem a pénz a probléma, hanem te
Szerzői jog © 2021 Gary M. Douglas és Dr. Dain Heer
ISBN: 978-1-63493-407-7
Access Consciousness Publishing

Borítóterv: Katarina Wallentin
Borítókép © Alexey Audeev istockphoto
Belső design: Anastasia Creatives
Belső kép © Khalus istockphoto

TARTALOM

Bevezető 5

Első fejezet: Pénz, pénz, pénz 7

Második fejezet: Néhány nagyszerű eszköz 28

Harmadik fejezet: Legyen elképzelésed arról,
hogy milyen legyen a munkád 44

Negyedik fejezet: Problémás emberek kezelése 53

Ötödik fejezet: Ajándékozás és befogadás 67

Hatodik fejezet: Ünnepeld a bőségedet 84

Megjegyzés az olvasónak 95

Szójegyzék 96

TARTALOM

BEVEZETŐ

Ez a könyv azoknak az embereknek íródott, akiknek folyamatosan nehézségeik vannak a pénzzel kapcsolatban, akár túl sokat költenek, akár nincs nekik elég, vagy akár túl sok van nekik.

Gary Douglas vagyok, az Access alapítója, mely egy olyan energia átalakító rendszer, ami az embereket eszközökkel látja el. Ezeket arra használhatják, hogy eltávolítsák a korlátaikat és hiányosságaikat, valamint bámulatos és csodálatos új lehetőségeket tudjanak teremteni saját maguknak. Ebben a könyvben, a barátom és munkatársam, Dain Heer és én tisztításokat, eszközöket és nézőpontokat osztunk meg a pénzzel kapcsolatban, amiket felhasználhatsz, hogy megváltoztasd azt, ahogy a pénz beáramlik az életedbe.

Ez a könyv az Access Pénz Szemináriumunk alapján jött létre, amit több városban oktattunk szerte az Egyesült Államokban, Costa Ricán, Ausztráliában és Új Zélandon. Elkezdtünk egy pénzzel kapcsolatos szemináriumot tartani, mert felfedeztük, hogy az emberek mindig arra törekedtek, hogy megtalálják a megoldást arra, amiről azt gondolták, hogy a pénzügyi problémájuk.

Nagyon sok úgynevezett pénzügyi problémám volt nekem is, és nagyon sok kurzust elvégeztem a pénz témakörében, mígnem a fülem kettéállt attól az ötlettől, hogy még egy pénz kurzust elvégezzek. A végén az elvégzett kurzusok egyike sem változtatott meg semmit a pénzhez való hozzáállásomon.

A kurzus elvégzése után továbbra is ugyanazokkal a „pénzügyi problémákkal" küszködtem. A pénzhez fűződő kapcsolatom akkor kezdett el változni, amikor az Access elkezdett fejlődni, és friss nézőpontokat fedeztem fel, amiket már lehetett használni, hogy egy másfajta kapcsolatot teremtsünk a pénzzel. Ebben a könyvben Dain és én ismertetjük ezeket a nézőpontokat és a mögöttük húzódó filozófiákat, valamint eszközöket és technikákat, melyeket használva kezelni tudsz bármilyen pénzügyi helyzetet.

Gary Douglas Santa Barbara

Első fejezet

PÉNZ, PÉNZ, PÉNZ

GONDOD VAN A PÉNZZEL?

Dainnek és nekem van egy barátunk, aki nagyon sok pénzhez akart jutni.

„Gondom van a pénzzel." – mondta.

„Nem, nincs gondod." – válaszoltam.

„De igen, van." – mondta.

„Nem, nincs gondod." – válaszoltam.

„Mit értesz ezalatt?" – kérdezte végül.

„Nincs gondod a pénzzel; csak nem vagy hajlandó befogadni." – feleltem neki.

„Ez nem igaz." – mondta.

„De, ez igaz. Bebizonyítom, hogy nem a pénz a te gondod. Adok neked egy millió dollárt, adómentesen, ha visszatérsz oda, ahol voltál mielőtt elkezdted az Accesst, és ott maradsz." – mondtam neki.

„Nincs az az isten." – válaszolta.

Ez nem a pénzről szól. Soha nem arról szól. Ez arról szól, hogy mi az, amit hajlandó vagy befogadni. Ha hajlandó vagy befogadni az élet szabadságát, akkor a pénznek nincs értéke számodra. Sok ember azt gondolja, hogy a pénz a megoldás, pedig nem.

Soha nem a pénz a megoldás

A pénz soha nem megoldás, mert soha nem a pénz a gond. Ha megoldásként próbálod használni a pénzt, akkor csak egy másik problémát teremtesz, hogy azzal a pénzzel oldd meg, amid van, vagy amid nincs.

Megoldja a pénz a problémáidat?

Gondolkozz el ezen egy pillanatra. A pénz oldja meg a problémáidat – vagy te? Te magad. Hogyan csinálod? Úgy oldasz meg valamit, ami pénzügyi problémának tűnik, hogy felvállalod és birtokba veszed a saját igazságod. Mit értek ezalatt?

Néhány évvel ezelőtt ingatlanoztam. 100.000 dollár felett kerestem egy évben, és a feleségem is 100.000 dollár felett keresett évente. Jól megvoltunk. Belevalók voltunk. Királyok voltunk. A gazdag emberek közé kerültünk. Bulikba és rendezvényekre voltunk hivatalosak a gazdag emberek lakta városrészben. A városi elittel bratyiztunk. Óriási volt.

Aztán az üzletem zuhanórepülést vett. A bevételem az éves 100000 dollárról 4000 dollárra zuhant. Persze az sem segített túl sokat, hogy a jelzálog törlesztőnk 5000 dollár volt havonta, a kocsi törlesztőnk 1500 dollár volt havonta, és a gyerekeink magániskolába jártak, ami gyerekenként 15000 dollár volt évente.

Az emberiség által ismert összes módon csődöt jelentettünk, miközben átéltük, hogy mindenünket elveszítjük. A gazdag emberek negyedéből egy barátunk sem akart többé mutatkozni velünk.

Milyen fura, mert találd ki, hogy mi az egyetlen előítélet a világon, amivel nem tudsz megbírkózni? A szegénység. A pénztelenség. Amikor rengeteg pénzed van, nem számít, mi a fajod, színed, hivatásod vagy vallásod, vagy hogy milyen őrült vagy. Úgy vagy jó. Azt mondom az embereknek, hogy legyenek annyira furcsák, amilyenek valójában. Csak gazdagodjanak meg, mert így különcnek tekintik őket, nem őrültnek.

Eljutottunk arra a pontra, amikor nem volt pénzünk. A gyerekeinknek ott kellett hagyniuk a magániskolát. Elveszítettük az autóinkat, a házunkat, mindent, amink csak volt. Más cégekhez mentem el dolgozni, amit utáltam. Semmi sem működött addig, amíg végre rájöttem, hogy az egyetlen választásom az, ha elkezdem csinálni ezt az őrült, dilis, vad dolgot, amit Accessnek hívunk. És amikor elindultam ebbe az irányba, minden elkezdett változni. Hát nem érdekes?

Amikor nem vagy hajlandó felvállalni, birtokba venni és megélni mindazt, ami vagy, a felháborító és csodálatos lényként, aki vagy – függetlenül attól, hogy mennyire állsz ellen neki és reagálsz rá, vagy hogy mennyire akarsz megszabadulni tőle – minden tekintetben csődbe viszed magad, amíg már nincs más választásod.

Hajlandó vagy feladni a 'nincs választás' nézőpontot, és elkezdeni felismerni, hogy úgy tudsz megteremteni mindent, amire vágysz, hogy olyan vad, őrült és dilis leszel, mint amilyen valójában vagy? Hagyd abba, hogy úgy teszel, mintha gyenge, sápadt és unalmas lennél.

Az emberek azt gondolják: *Ha meggazdagodnék, és annyi pénzem lenne, amennyit akarok, abbahagynám azt, amit csinálok, és máshogyan élnék.* De ez nem így működik.

A kutatások kimutatták, hogy amikor az emberek nyernek a lottón, egy-két éven belül pontosan ugyanabba a pénzügyi helyzetbe kerülnek vissza, mint amiben voltak, mielőtt nyertek. Habár mostmár egy magasabb szinten, de ugyanolyan arányú adóssággal, ugyanolyan arányú korlátokkal és ugyanolyan pénzügyi felfordulással rendelkeznek, mint mielőtt megnyerték a pénzt. Úgy tűnik, soha nem a pénz a megoldás.

De ha a saját igazságod szerint cselekszel, nem számít, hogy nyersz-e a lottón. Valójában, ha holnap nyernél a lottón, az csak egy alkalmat adna neked arra, hogy még többet teremts azon nagyszerű dolgokból, amikről már tudod, hogy meg tudod teremteni.

A befogadás a probléma, és te vagy a megoldás

Az igazi „pénzügyi probléma" az, hogy nem vagy hajlandó befogadni saját magadat az életedbe. A legnagyobb dolog, amit nem vagy hajlandó befogadni, az az, hogy mennyire hihetetlenül nagyszerű vagy valójában. Nem a pénz a probléma, és nem a pénz a megoldás. A befogadás a probléma, és te vagy a megoldás. Amikor elkezded befogadni a nagyszerűségét annak, aki valójában vagy, az életedben minden elkezd megváltozni –beleértve a pénzügyeidet. Ha hajlandó vagy befogadni a nagyszerűséged, és megengeded, hogy a világ lássa a nagyszerűséged, a világ megajándékoz azzal, amit igazán megérdemelsz. A hajlandóság, hogy másképpen érzékeld és fogadd be magad, a kezdete annak, hogy megteremtsd az életed valódi vágyait. Ez az a hely, ahol kezdened kell.

Tehát, mi kell ahhoz, hogy megjelenjek az életemben?

Most már valószínűleg frusztrál, hogy azt mondjuk, hogy nagyszerű és csodálatos vagy. Oké, rendben. Ezt te is tudod, ennek ellenére még soha nem érted el azt, amire vágysz. Talán még mérges is vagy és azt kérded: *Tehát, mi kell ahhoz, hogy megjelenjek az életemben?*

Ezt a kérdést kell feltenned magadnak, mert az univerzum válaszolni fog erre, ha hajlandó vagy feltenni egy kérdést és figyelni a válaszára.

Kérlek, olvass tovább. A könyv hátralévő részében eszközök, technikák és információk vannak, amik használatával segíthetsz magadnak, hogy megjelenj az életedben. Reméljük használni fogod ezeket, hogy elkezdj egy olyan életet megteremteni, amilyet szeretnél.

SZERETNÉL PÉNZT?

A dolgok természetes állapota itt a földön, ellentétben mindazzal, amit mondtak neked, az a bőség állapota. Amikor a természetben vagy, és körülnézel, láthatod, hogy amikor az emberek nem tesznek meg mindent, hogy elpusztítsák a dolgokat, nincs olyan hely, ahol az élet ne virágozna és bővelkedne. Nincs olyan hely, amely ne bővelkedne növényekben, állatokban, madarakban és rovarokban. Még az úgynevezett kopár táj is elképzelhetetlen mennyiségű életet rejt magában. Ha többé nem használsz egy utat, még akkor is, ha az aszfalttal burkolt, rövid időn belül repedések jelennek meg rajta, és elkezd növekedni a gaz, és hamarosan teljesen benövi az utat, majd eltűnik. Ez egy elképesztően bőséges univerzum, és csakis akkor szűnünk meg megélni a természet bőségét, amikor az embereknek sikerül mindent lebetonozni. Csak ahol emberek járnak, ott létezik kopárság vagy szegénység.

A szegénységtudat az, ami távol tart a folyamatos természeti állapot bőségének érzékelésétől és megtapasztalásától. A szegénységtudat nem a dolgok állásának a tükröződése: ez egy elmeállapot, amit mi teremtünk. Erről a helyről működünk, amikor azt mondjuk magunknak: *Nincs elég. Soha nincs számomra elég.* Nem számít, mi történik, soha nem lesz nekem elég. Millió variációja van ennek a témának: Csak annyim van, ami *elég a túléléshez. Nincs szükségem ennél több pénzre, hogy megéljek.*

Ez az a nézőpont, ahol a hiány sokkal valósabb, mint a bőség. Ezen elképzelés szerint sokkal nemesebb szegénységben élni, mint gazdagnak lenni. Egyesek egyébként azt hiszik, hogy erkölcsileg magasabbrendű szegénynek lenni. Ők a szegénységgel büszkélkednek. Dain elmondása szerint a családjában az emberek azt szokták mondani: „De legalább nagyszerű családunk van és boldogok vagyunk. Azok a pénzes emberek nem boldogok." Mire ő körbenézett, és azt mondta magának: „Lehetnének még nálatok is boldogtalanabbak? Nem hiszem!"

Gyakran a szegénységtudatban élő emberek erényt kovácsolnak abból, hogy szegénységben élnek. Vagy azt hiszik, hogy csak azokkal az emberekkel érezhetik jól magukat, akik velük azonos társadalmi-gazdasági szinten vannak. Csak a hozzájuk hasonló szegény emberekkel érzik kényelmesen magukat: *Nem érezném jól magam a gazdag emberekkel, mert tudod, a gazdagok teljesen mások.* Nos rendben. Nézd csak meg azt a kategóriát, amibe épp most helyezted bele magad!

A szegénységtudat nem egy olyan elmeállapot, ami csak a „szegény" embereknek van. A gazdagoknak is lehet. Mostanában voltam egy milliárdos buliján, ahol úgy tűnt, mindenki megpróbálta felülmúlni a másikat, hogy hogyan becsüljék le a kertészeiket és a szolgálóikat. Ezt gondolták arról, hogy mit jelent gazdagnak lenni: lebecsülni a szolgálókat. *Ó, olyan nehéz jó szolgálót találni.* Nem, nem az! Könnyű jó szolgálót találni, ha jól kezeled az embereket. Hiába van sok pénzük, vonakodnak attól, hogy befogadják bárki más nagyszerűségét. Azt gondolják, hogy kontrollálniuk kell az alkalmazottaikat és olyan keveset fizetni nekik, amennyit csak lehet. A szegénységtudat nem arról szól, hogy mennyi pénzed van, arról szól, hogyan bánsz magaddal és másokkal, és a bőségről, amit hajlandó vagy meglátni a világban.

Az *akar* szó egy lényeges összetevője a szegénységtudatnak. Tudod, hogy mit jelent az *akar* szó? Azt jelenti *hiányolni*. Minden alkalommal, amikor azt mondod, hogy *akarok*, azt mondod, hogy *hiányom van*. Ha azt mondod, hogy *több pénzt akarok*, akkor folyamatosan több és több hiányt teremtesz. Ha elkezdesz odafigyelni, hogy mit gondolsz vagy mondasz, pontosan látni fogod, hogyan teremted a bőséget—vagy annak a hiányát—ami megmutatkozik az életedben.

Nézd meg az akar szót a szótárban. Lehet, hogy egy régebbi szótárban kell keresned; az 1946 előtti szótárakban még az angol nyelv helyes definíciói szerepeltek. 1946 után elkezdték megváltoztatni a definíciókat, hogy tükrözze a köznyelvi használatot. Ha megnézed egy 1946-ban kiadott szótárban az *akar* szó jelentését, látni fogod, hogy számos meghatározása van az *akar* szónak, ami a *hiányt* jelenti, és csak egy jelenti azt, hogy *vágyni*. *Vágyni az, amikor keresel valamit, ami a jövőben lesz elérhető.* Tehát, még ezzel a definícióval is bajban vagy.

Hallgass azokra, akik igazán bőségben élnek; az *akar* szó nincs a szótárukban. Nem ismerik ezt a szót. Nem is gondolnak arra, hogy az *akarás* az élet része volna. Minden arról szól, hogy birtokolni azt, megszerezni azt, tenni érte és megengedni azt.

Van egy régi közmondás, ami szerint Ne *pazarolj*, ne *akarj. (Waste not, want not.)* Azaz Ne pazarolj, hogy ne szűkölködj. Ha felismered, hogy az *akar* szó azt jelenti, hogy *hiányol*, és figyeled magad, látni fogod, hogy folyamatosan használod. Kérdezd meg magadtól, *Mi kellene hozzá, hogy az „akar" szó kiessen a szókincsemből?* Ahelyett, hogy a *pénzt akarok*-ból teremtenél, engedd meg magadnak, hogy a **nem** *akarok pénzt*-ből teremts, mert mindig, amikor azt mondod, hogy *több pénzt akarok*, azt mondod, hogy *hiányom van belőle*—és pontosan ez fog megmutatkozni az életedben.

Próbáld ki ezt: Mondd tízszer, hogy *Nem akarok pénzt.*

Nem akarok pénzt.

Nem akarok pénzt.

Nem akarok pénzt.

Nem akarok pénzt.

Nem akarok pénzt.

Nem akarok pénzt.

Nem akarok pénzt.

Nem akarok pénzt.

Nem akarok pénzt.

Nem akarok pénzt.

Mi történt? Azzal, hogy mondogattad, *nem akarok pénzt,* könnyedebbnek vagy nehezebbnek érzed magad? A *könnyedebb,* a kiterjeszkedés érzetére és a lehetőségekre, valamint a megnövekedett térűr érzetére utal. (Talán még mosolyogtál is, és hangosan nevettél.) A *nehezebb,* a befeszítettség érzésére, a dolgok leterheltségére és a lehetőségek lecsökkenésére utal.

Ha te is olyan vagy, mint a legtöbb ember, akkor a *nem akarok pénzt* ismételgetésével könnyedebbé fogsz válni. Miért van ez? Mert az igazságtól mindig könnyedebbnek érzed magad, míg a hazugságtól mindig nehezebbnek. A te igazságod az, hogy nincs hiányod a pénzből, és ezt kimondva megmutatkozik, hogy ezt hajlandó vagy megvalósítani. Megteremtheted a befogadását az életedbe azáltal, hogy tízszer elmondod ezt minden reggel. Amikor az emberek körülötted azt mondják, *pénzt akarok,* te csak mosolyogj, tudva és mondva, hogy **nem** *akarok pénzt!*

AGGÓDSZ A PÉNZ MIATT?

Aggódtál már valaha amiatt, hogy nincs elég pénzed? Mikor aggódtál utoljára emiatt? Ragadd meg az érzést. Megvan? Oké, tedd ezt az érzést végtelenné. Tedd olyan naggyá, mint az univerzum. Tedd ezt az érzést nagyobbá, mint az univerzum. Ne örökké, csak végtelenné. Elképzelheted, ahogy egy óriási pumpa szelepét az aggodalmad közepébe szúrod, és aztán akkorára fújod fel, hogy nagyobb legyen, mint az univerzum. De amikor valamit nagyobbá teszel, mint az univerzum, az nem olyasmi, amin gondolkodnod kell, vagy amit tenned kell. Ez csak éberség, és általában amint kéred, meg is történik.

Mi történik a pénz miatti aggodalmaddal, amikor végtelenné teszed? Még teljesebbé és jelentősebbé válik? Valóságosabbnak érződik? Vagy elhalványul és eltűnik? Ha eltűnik, és ez az, amit sejtünk, hogy történni fog vele, akkor hazugság. Az aggódás lehet valami olyan, amiről azt gondolod, hogy igaz, de valójában nem az. Elhittél valamit, ami nem igaz.

Most gondolj valakire, aki fontos neked. Tedd ezt az érzést végtelenné, nagyobbá, mint az univerzum. Még jelentősebbé vált vagy kevésbé jelentőssé? Még jelentősebbé? Hát nem érdekes? Amikor arra gondolsz, hogy mennyire törődsz valakivel, és végtelenné teszed, nagyobbá, mint az univerzum, még nagyobbnak látod, mint amennyit hajlandó vagy beismerni magadnak. Ha hajlandó lennél elismerni magadnak, hogy mennyire törődsz valakivel, és valóban hajlandó lennél törődni ennyit magaddal is, mit gondolsz, mennyit lennél hajlandó befogadni?

Amikor fogod mindazt a gondoskodást, amid van, és végtelenné teszed, teljesebbé válik, és még inkább jelen lesz. Nagyobb teret tölt be, mint az aggódás. Rájössz, hogy jobban törődsz, mint azt elismered.

Talán azt mondod: „Igen, igen, érdekel", de amikor kiterjeszted azt, és jelentőségtelivé teszed, láthatod, hogy igazán mennyire törődsz. Szinte olyan, mintha félnénk, hogy túlságosan is törődünk.

Gondolj arra, hogy bőven van pénzed

Most, gondolj arra, hogy bőven van pénzed. Ragadd meg az érzését, hogy bőségesen van pénzed. Tedd végtelenné, nagyobbá, mint az univerzum. Még valósabbá vált vagy kevésbé valóságossá? Még valósabb? És amikor arra gondolsz, hogy nincs pénzed, amikor azt mondod: *Jaj, ne, le vagyok égve, nem tehetem ezt,* ha ezt az érzést vagy aggodalmat végtelenné teszed, nagyobbá, mint az univerzum, mi történik vele? Eltűnik.

Ha egy hazugságra építve teremtesz, tudsz-e abból igazságot teremteni?

Hát nem érdekes? Hajlamosak vagyunk hazugságokat elhinni, mint például *nincs elég pénzem,* és aztán megpróbáljuk ezen hazugságok alapján teremteni az életünket. Ha egy hazugságot alapul véve próbálsz meg teremteni, tudsz abból igazságot létrehozni? Semmiképp. Ha hazudsz magadnak, vagy hamis nézőpontokat hiszel el, korlátokat teremtesz, amik nem engedik, hogy kiterjedj mindabba, ami a pénzzel lehetséges.

Néha Dain történeteket mesél a családja egyik ágáról, akik szerencsésnek gondolták magukat, ha volt elég pénzük, hogy ételt tegyenek az asztalra. A nagyszülei a válság idején nőttek fel, és volt idő, amikor nem volt mit enniük. Az ő nézőpontjuk az volt, hogy akkor voltak sikeresek, ha volt elég pénzük ételre. Dain igazságként hitte el ezt a nézőpontot, és addig ragaszkodott hozzá, amíg el nem kezdett Accessezni. Bevette azt az elképzelést, hogy a siker mértéke az, ha van elég pénzed arra, hogy ételt tegyél az asztalra. Amint elkezdte az Accesst, feleszmélt, hogy „Várjunk csak! Ez nem igaz!"

Röviddel azután, hogy elkezte az Accesst, és látott néhány más lehetőséget is az életben, együtt felvezettünk San Franciscoba, hogy tartsunk egy Access kurzust. Úgy volt, hogy három napot leszünk ott, és Dain hozott 10 mogyoróvajas és lekváros szendvicset, 1.5 kg diákcsemegét és három doboz müzliszeletet. Mivel nem volt semmi pénze, azt tervezte, hogy ezt fogja enni, amíg ott vagyunk.

Egy ponton vezetés közben bekaptam egy Big Red rágót, rágtam körülbelül tíz percig, majd kiköptem és bekaptam egy másikat. Azt is rágtam tíz percig, majd kiköptem és bekaptam egy másikat. Dain nem mondott semmit, de minden alkalommal kirázta a hideg, amikor egy újabb rágót kaptam be.

Végül megkérdezte: „Miért csinálod ezt?"

Erre én: „Mit?"

Mire ő: „Egyik rágót rágni a másik után."

Erre én: „Azért, mert csak addig szeretem, amíg íze van. Utána már unalmas."

Dain olyan családból jött, ahol a rágót másfél napig rágják. Soha nem mert belegondolni, hogy valami ennyire extravagánsat tegyen egy csomag egydolláros rágóval. Soha eszébe se jutott egy eltérő szintű jómód lehetőségét választani. Ez lerombolta nála a „nincs számomra elég" teljes paradigmáját. Az volt a reakciója, hogy: „Várjunk csak! Ilyet szabad csinálni?"

A legtöbben miközben felnövünk, ehhez hasonló hazugságokat és korlátokat veszünk be. *Ez a siker,* vagy *Ez az, amim lehet (vagy nem lehet).* Dain esetében a hazugság az volt, hogy *a bőség az, amikor képes vagy etetni magad.* Ez volt a családjának a nézőpontja, és ezt a nézőpontot hitte ő el. Ez lenne a bőség? Nem, természetesen nem. Amikor felismerte, hogy egy hazugság köré próbálta teremteni a pénzügyi életét, új lehetőségek kezdtek megjelenni.

Ahelyett, hogy dühös lennél magadra, amiért hülyíted magad a pénzzel kapcsolatban—amiben egyébként mindannyian nagyon jók vagyunk—ahelyett, hogy aggódnál a pénz miatt, vagy a szegénységhez közeli állapotban élnél, kezdj el ráébredni, hogy az aggodalmad, nyugtalanságod és hiedelmed a pénzről nem valós. És amikor rájössz, hogy ezek nem valósak, többé nem fogod elhinni, és nem az alapján fogod teremteni az életed, ami valótlan vagy nem igaz.

Tedd nagyobbá az univerzumnál

Használd ezt a gyakorlatot, hogy megtaláld az igazságot a dolgokban. Amikor a dolgokat nagyobbá teszed, mint az univerzum, ami igaz, az sokkal teljesebbé és jelentősebbé válik—sokkal valósabbnak érződik, több űrt tölt ki, és mindaz, ami hazugság, eltűnik. Elmúlik. Változtasd meg, hogy mi történik a pénzzel az életedben, használva ezt az egyszerű eszközt—és teremts abból, ami igaz a számodra.

NEM ENGEDHETEM MEG

Mondtad már valaha magadnak, *ezt nem engedhetem meg*? Évekkel ezelőtt egy régiségboltban dolgoztam, bútorokat rendeztem át nekik. Felfogadtak, mert minden alkalommal, amikor átrendeztem a dolgokat, valami mindig eladásra került, ami már két éve állt a raktárban. Azt akarták, hogy körülbelül kéthetente menjek be és végezzek egy átrendezést.

37,50 dollár volt az órabérem, ami elég jó pénz volt akkoriban. Emellett több mindent is csináltam, amivel támogatni tudtam a gyerekeimet és a feleségemet. Az üzlet tulajdonosai annyira elégedettek voltak azzal, amit csináltam, hogy azt mondták: „Tudod mit? Bármit, amit szeretnél megvenni a raktárban, beszerzési áron odaadjuk és félretesszük. Megkapod, amint ki tudod fizetni. Csak dolgozz továbbra is nekünk."

Ez nem volt egy olcsó régiség bolt. Ez volt az a hely, ahol egy hálószobaszett 20000 dollár volt. Voltak gyémánt gyűrűjeik 35000 dollárért. Rájuk néztem és azt mondtam: „Ki tudja ezeket a dolgokat megengedni magának?" De azután, hogy ezt felajánlották nekem, körbenéztem az üzletben és hirtelen rájöttem, hogy bármit megvehetek innen.

Amiről azt hisszük, hogy nem birtokolhatjuk, az válik értékéssé

Amint felismertem, hogy bármit megengedhetek magamnak, amit csak akarok—talán eltart egy darabig, míg hazaviszem, de megengedhetem magamnak, hogy bármit megvegyek innen—rájöttem, hogy egyik sem számít nekem. Már nem érdekelt többé. Az, amiről azt hisszük, hogy nem engedhetjük meg, vagy nem lehet a miénk, az értékessé válik. Értékessé válik, de nem az igazi értéke miatt, hanem mert nem lehet a miénk. Mi tesszük a hiányt jelentőssé. Tehát minden alkalommal, amikor azt mondod, hogy *nem engedhetem meg magamnak*, akkor azt mondod, hogy te nem érsz annyit. A *nem engedhetem meg* azt jelenti, hogy *nem birtokolhatom*. Hányszor döntötted el, hogy nem engedhetsz meg magadnak egy tárgyat és beérted valamivel, ami kevesebb volt, mint amire vágytál? Bármit megengedhetsz magadnak. A világ szinte bármely üzletében elérhető, hogy valamit részletenként előre kifizess.

Dain és én nemrégiben bementünk egy zálogházba. Kint volt egy felirat: „Előlegfizetés most." Az egész ötlet arról szólt, hogy bemész az üzletbe—egészen 20000 dollárig voltak dolgaik—és félretettek neked bármit, ha előleget tettél le rá. Ha részletfizetésre vetted, bármit megvehettél náluk. De a kérdés az, hogy valóban akarod-e?

Mi az, amit igazán szeretnék?

Gyakorold saját magadon. Menj be egy boltba, sétálj körbe és mondd magadnak: *Oké, bármit megvehetek, amire igazán vágyom. Mi az, amit igazán szeretnék?* Ránézel a dolgokra és azt mondod: *Ezt nem. Ezt nem. Ezt nem. Ez szép. Ez szép. Ez szép.* És kisétálsz, azt mondva, *Tudod mit? Nincs itt semmi, amit igazán szeretnék.*

Lesz nekem ilyenem az életben

Ha találsz valamit, amit szeretnél, mondd magadnak *Lesz nekem ilyenem az életben,* és sétálj ki anélkül, hogy megnéznéd az árcimkét.

Miért ne nézd meg az árcimkét? Mert, ha megteszed, azzal egy korlátot teremtesz, hogy mennyibe fog ez kerülni, és hogyan nem engedheted meg ezt magadnak. Ha nem nézed meg az árcimkét, és csak annyit mondasz, hogy *lesz nekem ilyenem az életben*, akkor egy lehetőséget teremtesz az univerzum számára, amit az öledbe dob valamilyen úton, úgy ahogy azt soha nem képzelted volna, hogy lehetséges, egy olyan áron, amit hajlandó vagy megfizetni.

A lányom mostanában azt mondta: „Apa, szeretném ezt a Gucci pénztárcát. 250 dollárba kerül."

Én azt mondtam: „Oké, rendben. Meglátjuk, mi történhet."

Három héttel később minden látszólagos ok nélkül megálltam egy garázs vásárnál, és ott volt egy Gucci pénztárca, ami eladó volt. Három dollárba került. Feltételeztem, hogy hamisítvány, mégis hazavittem. Kiderült, hogy igazi.

HA A PÉNZ NEM SZÁMÍTANA, MIT VÁLASZTANÁL?

Amikor elmész vásárolni, félre tudod tenni a *szükség* és a *nincs pénzem* érzetét azzal, hogy felteszed magadnak a kérdést, *ha a pénz nem számítana, mit választanék?* A legtöbben az alapján választunk, amiről azt gondoljuk, hogy szükségünk van rá—és nem lehet a miénk. Mikor megkérdezed magadtól, hogy, *ha a pénz nem számítana, mit választanék?*, akkor többé nem a pénz lesz a választásod alapja.

Dain elment nyomtatót venni. Számos modellt megnézett, mire én megkérdeztem tőle: „Ha a pénz nem számítana, melyiket választanád?"

Az első gondolata az volt, hogy: „Ó, a legnagyobbat választanám!" Igaz, az 500 dollárba került, ami egy kicsit felette volt az erre szánt keretnek, de ez volt az, amiről azt gondolta, hogy megvenné, ha a pénz nem számítana. De ekkor elkezdett körbenézni, és talált egy másik nyomtatót, amely szinte mindent tudott, amit az 500 dolláros is. Ez 150 dollár volt. Erre azt mondta: „Ó, ha a pénz nem számítana, én a 150 dolláros nyomtatót választanám." Amint véget vetett a *kell ez nekem, de nem lehet az enyém* nézőpontnak, már látta, hogy mindene meglehet, amire vágyik, egy sokkal jobb áron.

Csakúgy, mint Dain, a legtöbben azt feltételezzük, hogy ha a pénz nem számítana, a legjobb és legdrágább terméket vennénk meg. Mikor a pénzt nem tekinted problémának, észreveszed, hogy *nem igazán akarod a nagyobbat.* Néha a legjobb nem igazán az, amire szükséged van. 150 dollárért is mindent megkaphatsz, amit eredetileg akartál.

Ahelyett, hogy azt feltételezed, hogy ha birtokolnád az úgynevezett *legjobbat,* akkor többet tennél, többed lenne és többet teremtenél, inkább használd ezt a kérdést, hogy ráérezz a személyes valóságodra. Ez megengedi neked, hogy lásd, hogy mi az igazi értéke valaminek a számodra. Ez kimozdít abból a nézőpontból, hogy *nekem nem lehet, mert. . .* Ha az egyéni választásod lenne az egyetlen feltétele a választásnak, mit választanál? A legjobbat választanád, figyelembe véve a körülményeket.

Vannak olyan helyzetek is, amikor megkérdezed magadtól, *ha a pénz nem számítana, mit választanék,* és úgy döntesz, hogy megveszed a legdrágább dolgot—hangsúlyozom, nem azért, mert a pénzt tekinted a legfontosabb feltételnek. Az alapján hozod meg a döntést, hogy mi a legjobb számodra.

HAJLANDÓ VAGY ADÓT FIZETNI?

Egyesek ellenállnak az adófizetésnek. Eldöntötték, hogy soha többé nem akarnak adót fizetni, és mindent megtesznek annak érdekében, hogy elkerüljék. De ez egy nagyon rossz döntés, mert amikor ezt teszik, lecsökkentik a pénzt, amit hajlandóak befogadni.

Annak érdekében, hogy legyen pénzed, hajlandónak kell lenned befogadni mindent, az adózást is beleértve. Ha nem vagy hajlandó adót fizetni, akkor nem vagy hajlandó arra, hogy bevételed legyen. Személy szerint én szeretnék több adót fizetni. Ha azt kívánod, hogy képes legyél felháborítóan sok adót fizetni, az azt jelenti, hogy felháborítóan sok pénzt vagy képes befogadni.

Dolgoztunk egy emberrel, aki csatlakozott egy adózás-ellenes csoporthoz, amelynek az álláspontja szerint, az IRS (amerikai adóhivatal) illegálisan gyűjt adót. Az a nézőpontjuk, hogy az IRS egy privát vállalat, akik megkapták az adóbeszedési rendszert, és ez nem szerepel az Alkotmányban, ezért ez egy illegális csoport.

Miután ezt elmesélte nekünk, azt mondtam: „Király. Hadd mondjak valamit a bevételedről. Mióta csatlakoztál a csoporthoz a felére csökkent."

„Hű, honnan tudod ezt?" – kérdezte a fickó.

„Mert próbálod eldugni a kormány elől. Amikor megpróbálod eldugni, ez azt jelenti, hogy nem engeded meg magadnak a befogadást. Lehetetlen rejtve maradni és növelni a megkeresett pénz összegét." – válaszoltam.

Van olyan területe az életednek, amit elrejtesz? Mindent, amit megpróbálsz elrejteni az adóval és adózással kapcsolatban, és az összes ilyen dolgot, eltörölnéd és nem teremtetté tennéd minden döntésed, és megköveteled és felvállalod, hogy be tudsz fizetni bármilyen istenverte adót? A legjobb védelem mindig az, ha pofátlanul gazdag vagy.

ADÓSSÁG KONTRA MÚLTBÉLI KIADÁSOK

Néha az emberek az adósságról kérdeznek, és arról, hogy az adósság hogyan fér bele ebbe a pénzről folytatott beszélgetésbe. Észrevetted már valaha, hogy az *adósság (debt)* mennyire úgy hangzik, mint a *halál (death)*? Tudtad, hogy az a szó, hogy *jelzálog (mortgage)* a *mort* szóból ered, ami *halált* jelent, és, hogy eredetileg azt jelentette, hogy *halott zálog*, vagy *halálig szóló*? Más szóval, *a halálomig fogok dolgozni ezért a házért*, amit nagyjából a legtöbb ember tesz.

Ha adósságod van, ahelyett, hogy adósként tekintenél magadra—és mindannyian sok-sok életet éltünk, melyek során az adósok börtöne valóban létezett, és börtönbe jutottunk, mert pénz tartozásunk volt—

21

tekints múltbéli kiadásként arra, amit most visszafizetsz. Múltbéli kiadásaid vannak, amiket ki kell egyenlítened—nem pedig adósságod.

Ha az adósság helyett a múltbéli kiadások nézőpontjából működsz, azzal elkezded azt kitisztítani. Mindig mikor azt mondod, hogy adósság, beindítod mindazon életek emlékét, amikor az adósók börtönébe jutottál. Szabaduljunk meg az adósságtól.

HITEL

Ha hitelképes vagy, akkor el is adósodhatsz. Hát nem nagyszerű? Dolgoztál már azért, hogy hitelképessé válj, hogy aztán mégtöbb adósságod lehessen? Ez így működik. Ha nem vagy hitelképes, akkor nem vagy adósságképes. Hitelképes azt jelenti, hogy több pénzzel tartozhatsz. Milyen király ez?

Azt javasoljuk, hogy változtasd meg a jövőképedet a hitellel kapcsolatban. Ne próbálj meg hitelképességet teremteni. Keresd a pénzértékességed bőségét. Tedd fel a kérdést: *Hogyan növeljem a készpénz áramlást? Mik a végtelen lehetőségek, hogy pokoli sok pénz jöjjön be az életembe?*

Vannak emberek, akik azt mondják nekem: „Ó, ilyen sok adósságom van."

„Oké, tehát ennyi az összes adósságod. Havonta mennyivel kellene többet keresned ahhoz, hogy kifizesd?" – kérdezem tőlük. „Fogalmam sincs. A havi hitelkártya törlesztésem 500 dollár." – válaszolják ők.

„Nagyszerű. Ez azt jelenti, hogy húsz év alatt fogod azt a francot visszafizetni." – mondom nekik.

Ha a hitelkártyád esedékes törlesztőrészletének a minimumát fizeted be, észrevetted már, hogy a ráterhelt 40 dolláros vacsorából 200 dollár lesz? Jé, kíváncsi vagyok a bankok miért szeretik, ha használod a kártyádat. Jó ráterhelni, mi? Felejtsd el. Pénzt keresni a jó. Az a jó.

Fontosabb számodra, hogy milyen király, hogy vannak hitelkártyáid, minthogy milyen király pénzt keresni?

Néha látom, ahogy az emberek kinyitják a pénztárcájukat, és egy hosszú sor hitelkártya esik ki belőle, ilyenkor megkérdezem: „Miért van ezekre szükséged?"

„Nos, magas a hitelkeretem. Nézd, mi mindent tudok vásárolni." – válszolják ők.

„Szart se tudsz vásárolni. Semmi pénzed nincs." – mondom nekik.

„De igen, sok dolgot megvásárolhatok." – mondják.

„Ja, de nincs semmi pénzed. Te teljesen meghülyültél?" – válaszolom nekik.

Ismerek olyat, aki átnézte a pénztárcáját és kivette az összes hitelkártyát, és eldugta. Így nem hordta magánál az összes adósságát. Remek ötlet. Aztán azt mondta, hogy amikor kifizeti az összes hitelét, lassan, de biztosan visszateszi őket a pénztárcájába—ha van olyan bolond, hogy megtegye.

Ha elkezdenél megélni mindabból az életedbe beáramló készpénzből és pénzből, akkor elkezdenél kiterjedni. Amikor azt gondoljuk, hogy *Istenem, elfogyott a pénzem,* az csak egy nézőpont. *Elfogyott a pénzem. Használnom kell a hitelkártyámat.* Ez a nézőpont magában elég, hogy bezárjon téged, mert ez egy hazugság.

Tedd el a hitelkártyákat. Találj másik utat. Teremts pénzt. Ne teremts hitelt, se a rögtön azt követő adósságot. Az itt következő eszközöket, ha követed, segíteni fognak ebben.

FIZESS TIZEDET A SAJÁT EGYHÁZADNAK

A tized valaki bevételének az egytized része, amit jótékonyságra fordít, vagy valakinek az egyházát támogatja vele. Hiszel abban, hogy az egyházadnak gyűjts tizedet? Mit szólsz ahhoz, hogy a Te Egyházadnak gyűjts tizedet? Hajlandó lennél rá?

Íme, így kell tenned: Fogod a 10 százalékát mindannak, ami beáramlik az életedbe, és félreteszed. Tedd a betétkönyvedbe. Tedd a bankba. Tedd a matracod alá. Nem számít hova teszed, csak tedd félre. Ne költsd el.

Ha továbbra is félreteszed azt a 10 százalékot, azzal megmutatod az univerzumnak, hogy vágysz a pénzre. Amikor a saját egyházadnak fizetsz tizedet, az univerzum így válaszol: *Ó, szereted a pénzt? Rendben, akkor több pénzt fogunk adni neked.* Lehet, hogy azt gondolod, hogy *Így is alig jövök ki a pénzemből. Hogy fogok még 10 százalékot félretenni?* A válasz, hogy csak teszed. Az univerzum tiszteletben tartja, bármit is kérsz. Ha megtiszteled magad azzal, hogy félreteszed a kereseted 10 százalékát, erre az univerzum így felel, *Ó, 10 százalékkal kívánod megbecsülni magad? Itt van még több, a saját megbecsülésedre.*

A számláidat előbb fizeted be, mint hogy félretennéd a tizedet? Amikor a számláidat fizeted be elsőként, észrevetted, ahogy egyre csak növekednek a számláid? Miért van ez? Megbecsülöd a számláidat, mire az univerzum így felel: *Ó, szereted a számlákat? Rendben, több számlát fogunk küldeni neked.*

Ez nem azt jelenti, hogy ne fizesd be a számláidat. De becsüld meg magad, és ha egy kicsit ki kell centizni a dolgokat, vagy később kell bepótolni, az nem gond. Ha elkezded megbecsülni magad, és félreteszed a 10 százalékot a Te Egyházadnak, fél vagy egy éven belül a teljes pénzügyi helyzeted megváltozik. Olyan pénzügyi terveidet fogod elérni, amiket milliárd évekkel ezelőtt tűztél ki, amikor azt mondtad: *Amikor ennyi pénzem lesz, gazdag leszek. Amikor elérem ezt az összeghatárt, nagyon gazdag leszek.* Ezek olyan döntések, amikre nem is nagyon emlékszel, de amikor eléred ezeket, akkor egyfajta békét tapasztalsz meg önmagadban, és a kétségbeesett pénzéhség megszűnik.

Csak 10 százalék

A barátom, akinek volt egy régiségboltja, félévente felvett 100000 dollár kölcsönt, hogy Európába menjen régiségeket vásárolni. A bank 10 százalékot számított fel neki előre, hogy megkapja a kölcsönt. Ez azt jelenti, hogy 10000 dollárt számítottak fel a kölcsön felvételéért.

Tehát kapott 90000 dollárt, de 100000 dollárt kellett visszafizetnie, emellett még 15% kamatot is felszámítottak a pénzre. Tehát, ha egy évbe telt neki, hogy visszafizesse, akkor mennyit fizetett? Mennyi volt a kamatláb? Huszonöt százalék. 25000 dollárjába került, hogy 100000 dollár kölcsönt felvegyen, ha nem fizette vissza hat hónapon belül.

A belét is kidolgozta. Egy nap azt mondtam neki: „Ha félretennél 10 százalékot, az elkövetkező fél vagy egy éven belül a teljes pénzügyi állapotod megváltozna".

Úgy tett, ahogy mondtam, és hat hónapon belül megduplázta az üzlete méretét, és a saját 100000 dollárjából ment Európába, hogy régiségeket vásároljon. Az üzlete megduplázódott, és a felesége üzlete az éves 250000 dollárról 1.5 millióra nőtt.

Nagyjából két évvel később betoppantam az üzletébe körbenéztem és azt mondtam: „Felhasználtad a 10 százalékot, ugye?"

„Ó, te egy látnok vagy." - válaszolta

„Igen, az, az, és az is tény, hogy érzem itt az energiát. Kétségbeesetten el akarod adni a dolgokat. Már nincs olyan érzete a helynek, ahol minden rengeteget ér. Olyan mintha mindenen árengedmény volna. Megváltoztattad az üzleted energiáját, és azt várod, hogy sikert érj el, de mire alapozod azt?" – mondtam neki.

Azóta még annál is elkeseredettebb lett, mert nem tért vissza ahhoz, hogy félretegyen 10 százalékot. Felveszi a telefont, ha keresem? Nem. Miért? Mert tudja, ha ismét félretenné a 10 százalékot, akkor az újra működne, de nem fogja. Ez az ő választása.

Hordj magadnál készpénzt

Ha a zsebedben magadnál tartod a pénzedet, és nem költöd el, attól vagyonosnak érzed magad. Ami ezután megjelenik az életedben, az egyre több és több pénz, mert azt mondod az univerzumnak, hogy bőségben vagy. Válassz egy pénzösszeget, amit te gazdag emberként magadnál hordanál. Bármi is legyen az az összeg—500 dollár, 1000 dollár, 1500 dollár—mindig legyen nálad annyi a pénztárcádban. Nem úgy értem, hogy hordj magadnál egy arany hitelkártyát. Az nem ugyanaz. Legyen készpénz a zsebedben, mert ez arról szól, hogy elismered a saját gazdagságodat.

Átválthatod a készpénzedet aranyérmékre, ha szereted az aranyérméket. Elcserélheted gyémántra, ha úgy tetszik. Tartsd olyan pénznemben, amit könnyen tudsz utaztatni. A helyedben én nem váltanám a készpénzemet olajra, melyet tankerhajókon tárolnak. Azok elsüllyedhetnek.

Amikor azt mondjuk, hogy tegyél félre 10 százalékot, akkor nem azt mondjuk, hogy befektetésekbe vagy projektekbe fektesd azt a pénzt. Azt akarjuk, hogy légy olyan, mint Dagobert bácsi. Emlékszel még rá? Ő volt Donald Kacsa milliárdos nagybácsija! Szerette a pénzt! Az úszómedencéjét bankjegyekkel töltötte meg, és fejest ugrott bele. Akarod, hogy sok pénzed legyen? Akkor tényleg legyél hajlandó birtokolni. Sok pénzzel vedd körül magad!

Tarts magadnál elég pénzt. Lehet ez a 10 százalékodból egy rész, ha úgy tetszik. Tartsd mindig magadnál, és sose költsd el. Amikor tudod, hogy 500 dollár, 1000 dollár vagy 1500 dollár van a zsebedben, akkor úgy vagy vele, hogy *hú, de király vagyok! Kihúzod magad, úgy jársz-kelsz.* Tudod, hogy bárhova besétálhatsz, és ott bármit megvásárolhatsz—de nincs rá szükséged.

Szükség kontra Kapzsiság

Amikor szükséged van, az mindig kapzsisághoz vezet, ami annyit tesz, hogy ragaszkodsz ahhoz, amid van, mintha sosem lehetne annál több. Amikor érzed, hogy tele a zsebed a tisztességes mennyiségű jó kis pénzzel, és a dolgok lehetősége folyton növekszik, a változás minden formája megmutatkozhat neked, mert nem abból a nézőpontból működsz, hogy korlátozott mennyiség áll a rendelkezésedre. Abból a nézőpontból kezdesz funkcionálni, hogy *van pénz a zsebemben. Dollár ezreim vannak otthon a szekrényben. Játszom a pénzzel. Szétszórom az ágyon és meztelenül hempergek benne, mert az olyan jó érzés.*

Megnézted valaha a pénzedet úgy igazából? Hogy néz ki? Kinek a képe van a százdolláros papírpénzen. Mi tudjuk, mert rengeteget hordunk magunknál. Szépek. Így igaz, szépek és a zsebeinkben tartjuk őket. Szeretjük az összes pénzt. Aranyosak. Ha megváltozna a véleményed a pénzzel kapcsolatban, és úgy gondolnál rá, hogy aranyos, és szereted azt, ahogy az kinéz, lehet, hogy könnyebben be tudnád fogadni.

MÁSODIK FEJEZET

NÉHÁNY NAGYSZERŰ ESZKÖZ

A VEREJTÉKES MUNKÁTÓL AZ INSPIRÁCIÓIG

Az Accessben nem a rövidebb utat keressük. A kreativitás határmezsgyéjét kutatjuk, mert ha folyamatosan teremted az életed, azáltal bővíted is azt.

Ebben a részben bemutatunk néhány kérdést, technikát és eszközt, melyek lehetőséget adnak neked arra, hogy a verejtékezéstől eljuss az inspirációig, hogy megteremtsd az életet, amit szeretnél. Van egy ajánlatom a számodra: ha változást szeretnél az életedben, használnod kell ezeket az eszközöket.

Ezek az elképzelhető legegyszerűbb és legdinamikusabb eszközök, mégis az emberek 90 százaléka, akikkel megosztottuk, soha nem használja ezeket. Talán te magad is elutasítod. Ha függő vagy a pénzzel kapcsolatos tudatlanságtól, akkor nem fogsz mindent megtenni azért, hogy megváltoztasd az életed.

Miután elolvastad ezt a könyvet, annyit mondasz: „Minden pénzem erre a könyvre költöttem és semmi sem változott. Nem érte meg."

Nos, valóban értéktelen, ha nem használod. De, ha eltökélt szándékod, hogy változást hozz az életedbe és egy más valóságot teremts a pénzzel kapcsolatban—és mindenhol máshol is—akkor meginvitálunk arra, hogy próbáld ki ezeket az eszközöket.

ÉLJ A KÉRDÉSBEN

Az univerzum egy végtelen tér és végtelen válaszai vannak. Amikor egy korlátlan kérdést teszel fel, az univerzum megadja a választ. De ehelyett általában csak annyit teszünk, hogy egy korlátolt kérdést teszünk fel, mint például *hogyan jutok el A pontból a B pontba?* És amikor ezt tesszük, az elme elkezd dolgozni, megpróbálja kitalálni: Csináld *ezt, ezt*, ezt és ezt.

Amikor megpróbálod kitalálni, hogy hogyan fogsz valamit megvalósítani, akkor kitalálod a választ, ahelyett, hogy kérdést tennél fel. Ne próbáld meg kitalálni. Azzal bekorlátozod magad. Az elméd egy veszélyes dolog. Csak azt tudja értelmezni, amit már ismersz. Nem lehet végtelen és korlátlan. Minden, amire már van egy válaszod, az a maximuma annak, ami számodra megmutatkozhat. De amikor kérdésben élsz, akkor végtelen lehetőségek érhetők el a számodra. Próbálj ki néhány kérdést ezek közül, és nézd meg mi történik.

Mi kellene ahhoz, hogy _____ megjelenjen?

Amikor kérdésben élsz, akkor egy meghívást teremtesz. Amikor megkérdezed, hogy *Mi kellene ahhoz, hogy___ megjelenjen?*, akkor az univerzum elkezd lehetőségeket mutatni a számodra, hogy az megtörténjen.

Beragadsz az életedbe és azt gondolod, *Vagy ez—vagy az. Meg tudom csinálni—Nem tudom megcsinálni. Tudok ez lenni—Nem tudok ez lenni. Az egyetlen módja, hogy elérjem az, ha Joe kölcsön ad nekem 5000 dollárt. Sosem engedhetem meg magamnak, hogy___. Egyszerűen csak nincs rá pénzem, hogy___.* Ezek korlátozott nézőpontok. Fogadj be egy korlátlan nézőpontot a következő kérdéssel: *Mi kellene ahhoz, hogy felbukkanjon?*

Mostanában elmentem pénzt kivenni a megtakarítási számlámról, mert úgy tűnt, hogy nincs elég. Azt mondtam: „A fenébe! Hogyhogy nincs elég pénzem? Nem értem! Mi kellene ahhoz, hogy még több pénzem legyen. Ez nevetséges, hogy nincs elég pénzem. Mi kellene hozzá?"

A következő nap megtaláltam az aktatáskámat a szekrényben, amit nagyjából már három hónapja nem használtam, és találtam benne 1600 dollár készpénzt, amit valamiért oda rejtettem. Két nappal később Dainnel Floridába repültünk, és amikor odaértünk, a barátunk Jill átnyújtott Dainnek egy borítékot és azt mondta, „Ez a hitelkártya gép mellett volt."

Dain megkérdezte: „Mi ez?"

„Csekkek a Garyvel közösen tartott tanfolyamotok után, amik sosem lettek beváltva." – válaszolta.

2,000 dollár értékben voltak ott csekkek.

Még aznap kaptam egy hívást egy hölgytől, akinek 1800 dollárnyi szolgáltatás nem lett terhelve a hitelkártyájára, és másnap találtam egy 500 dolláros csekket a fiókban, amit korábban ottfelejtettem.

Ez 6000 dollár volt, pont amennyit kivettem a megtakarítási számlámról. Azt mondtam: „Hmm. Feltételezem, hogy nem voltam híjján a pénznek. Csak nem kerestem."

A vicces az, hogy ez még most is tart. Egy hölgy ma hívott fel és azt mondta: „Emlékszel arra a kurzusra, amit pár hónapja végeztem? Nem vonták le a számlámról az összeget. Elpostázom a csekket."

Erre én: „Oké, szuper! Hogyan lehet ez még ennél is jobb?"

Fel kell tenned a kérdést az univerzumnak, hogy az megadja neked a választ. Kérdezned kell. Nem elég csak azt mondani, hogy *Több pénzt akarok*. Ez csak annyit jelent, hogy még több pénznek vagyok a hiányában—és ebben nincs kérdés. Mindig használd a kérdést: *Mi kellene ahhoz, hogy _____ felbukkanjon?*

Mi a jó ebben, amit nem veszek észre?

Egy másik remek kérdés: *Mi a jó ebben, amit nem veszek észre?* Vannak olyan területek az életedben, ahol azt gondolod, hogy csak ezt vagy azt választhatod? Azt gondolod, hogy az érem egyik vagy a másik oldalát kell választanod, ahelyett, hogy végtelen kapacitásod lenne bármit is megtenni? Apró porszemnek látod magad az univerzumban és azt kérdezed, hogy *Mi a baj velem?*

Mit teremt ez? A véges keretei közé helyez téged. Nem válsz azzá a végtelen lénnyé, aki valójában vagy, és megszünteted a változás lehetőségét. Ahelyett, hogy azt kérdeznéd, hogy *mi a baj velem?* kérdezd inkább azt, hogy *Mi a jó ebben, amit nem veszek észre?*

Amikor Dain és én elkezdtünk együtt dolgozni, a volt feleségemmel és velem lakott. Egy idő után talált magának egy helyet, ahol egymaga lakhatott, és én segítettem neki a költözködésben. Amikor az utolsó körben vittük a cuccait, a hely tulajdonosa megjelent és felfuvalkodottá vált. Olyan dolgokat mondott, mint, „Nem költözhetsz ide. Tünés innen! Ebbe nem egyeztem bele. Nem kapod meg ezt a helyet."

Dain lehervadt és ezt kérdezte: „Mi a baj velem, hogy nem tudom elintézni?"

Erre én: „Rossz kérdés, haver. Mi a jó ebben, amit nem veszel észre?"

Nos kiderült, hogy a hely tulajdonosa, aki a telken lakott, egyfolytában beszélt és teljesen zakkant volt. Ahelyett, hogy odaköltözött volna, talált egy sokkal jobb kétszobás lakást, egy nagyon szép helyen a városban, ahonnan rálátott egy parkra, és még irodát sem kellett bérelnie, mert otthonról tudott dolgozni.

Minden sokkal jobban alakult, mint ahogy ő azt elképzelte, mert amikor kezdett minden összeomlani, hajlandó volt megkérdezni, hogy „Mi a jó ebben, amit nem veszek észre?"

Te mint végtelen lény nem tudsz hibázni—nem és kész. De lehet valami jó a helyzettel kapcsolatban, amit nem veszel észre. Hogyan jöhetsz rá, hogy mi az? Kérdezd meg: *Mi a jó ebben, amit nem veszek észre?* Bármi is az, a kérdés által kérsz éberséget és korlátlan képességet arra, hogy észlelj és láss. Használd ezt a kérdést, hogy az életedben lehetőségeket nyiss a változásra.

Hogyan lehet ez még ennél is jobb?

Itt egy kérdés, amit mindennap használhatsz. Amikor egy kellemetlen helyzetben használod, világossá válik, hogy hogyan változtass meg dolgokat, és amikor egy kezdvező helyzetben használod, mindenféle érdekes dolog megmutatkozhat.

New Yorkban egy hölgy épp egy Access kurzusról sétált ki, amikor talált egy tízcentest a lift előtt. Erre azt mondta: „Ó, hogyan lehet ez még ennél is jobb?" - és betette a zsebébe. Lesétált a földszintre, és kifelé menet meglátott az utcán egy tíz dolláros bankjegyet a földön, betette a zsebébe és megkérdezte: „Hogyan lehet ez még ennél is jobb?" Tovább ment a metro felé, de inkább leintett egy taxit, mely a háza előtt tette le. Ahogy kiszállt, meglátott valami csillogót a csatornában. Lehajolt és felvett egy gyémánt karkötőt. Ennél a pontnál azt mondta: „Ennél jobb már nem is lehetne", ami nagy hiba volt. Amint ezt kimondod, megállítod a teremtést. Máskülönben, ki tudja, talán mára az Empire State Building tulajdonosa lenne.

Azt nem garantálom, hogy a tízcentest gyémánttá fogod változtatni, de soha ne mondd meg, hogy mi fog történni. Csak maradj kérdésben, *hogyan lehet ez még ennél is jobb?*

ÉRZÉKELNI, TUDNI, LÉTEZNI ÉS BEFOGADNI

Szeretnéd tudni, hogy mi teszi a munkádat jobbá, vagy hogyan tudod fejleszteni a pénzügyi helyzetedet, vagy az üzletedet, vagy a kapcsolatodat? Az életed bármely területén, ami nem működik, van valami, amit nem érzékelsz, nem tudsz, nem létezed, vagy nem fogadsz be.

Hogyan állíthatjuk ezt? Mert tudjuk, hogy te egy végtelen lény vagy. Végtelen lényként végtelen lehetőséged van, hogy érzékelj, tudj, létezz és befogadj. Ez azt jelenti, hogy ahhoz, hogy olyan korlátozottá teremtsd az életed, mint amilyenné az vált, kell lenniük olyan dolgoknak, amiket nem vagy hajlando érzékelni, tudni, létezni és befogadni.

Mondd a következőt naponta harmincszor, három napon át. *Érzékeljem, tudjam, létezzem és fogadjam be mindazt, amit elutasítok, nem merek érzékelni, és tilos és kötelező érzékelnem, valamint érzékeljem, tudjam, létezzem és fogadjam be mindazt, ami megengedi, hogy a ___- vel teljes tisztánlátásom és könnyedségem legyen.* Vagy használhatod az egyszerűsített verziót is: *Mit kell érzékelnem, tudnom, léteznem és befogadnom, ami megengedi nekem, hogy ____ ?*

Bármit behelyettesíthetsz az üresen hagyott részbe. Ez a kérdés elkezdi kinyitni azt, ahol nem jelensz meg.

Ha ezt megteszed naponta harmincszor, három napig, valahol a harmadik nap végén, vagy a negyedik napon, elkezdesz inspirálva tekinteni a dolgokra. Hirtelen azt fogod kérdezni, *Miért nem gondoltam erre előbb?* Nem tudtál előbb gondolni erre, mert elutasítottad, vagy nem merted, vagy azt gondoltad, hogy tilos érzékelned vagy befogadnod valamit, vagy azt gondoltad, hogy kötelező érzékelned vagy befogadnod valamit ahhoz, hogy eljuss oda.

Ez az egyszerű kérdés segít neked feloldani a korlátaidat. *Érzékeljem, tudjam, létezzem és fogadjam be mindazt, amit elutasítok, nem merek érzékelni, és tilos és kötelező érzékelnem, valamint érzékeljem, tudjam, létezzem és fogadjam be mindazt, ami megengedi, hogy a ___-vel teljes tisztánlátásom és könnyedségem legyen.* A napi harmincszori ismétlés elkezdi megváltoztatni az életed bármely területét, ami nem úgy működik, ahogy te azt szeretnéd.

TÍZ MÁSODPERCED VAN, HOGY ÉLD A HÁTRALÉVŐ ÉLETED

Tíz másodperced van, hogy éld a hátralévő életed. A világ tele van oroszlánokkal, tigrisekkel, medvékkel és mérges kígyókkal. Ezek fel fognak falni téged. Van tíz másodperced. Mit választasz?

Ha az életedben mindent tíz másodperces lépésekben teszel, rá fogsz jönni, hogy nem tudsz rossz döntést hozni. Ha mérgelődsz tíz másodpercig, majd túl vagy rajta, nem fogsz többé rosszul választani. Ha tíz másodpercig szeretsz, mindenkit és mindent tudsz szeretni ennyi ideig, nem számít, hogy kik ők. Utálhatsz is valakit tíz másodpercig. Elválhatsz a párodtól tíz másodpercig. És aztán újra szeretheted a következő tízben.

Ha tíz másodperces lépésekben élsz, a jelen pillanatban létezést fogod teremteni. A legtöbb ember, ahelyett, hogy a pillanatban élne, folyamatosan egy tervet, vagy egy rendszert próbál teremteni a jövőt illetően, hogy az úgy jelenjen meg, ahogy ők akarják. De csak egyetlen hely van, ahol élni tudunk, és az pont itt és most van. Minden más megöl téged. Nem lesz életed. Kimaradsz a saját életedből.

Megkérdezték tőlem: „Hogyan csinálhatsz üzletet tíz másodperces lépésekben?" Tíz másodpercben eldöntheted, hogy akarsz-e beszélni az illetővel, vagy sem. Tudhatod, hogy elérhető-e. Tudhatod. A tíz másodperces lépés arra kényszerít, hogy abbahagyd a gondolkodást és belemenj a tudásba.

Tíz másodpercben véget tudsz vetni a kondicionálásnak, ami rád erőlteti, hogy előre kitaláld és megtervezd a dolgokat. Megtanulhatod, hogyan válassz és hogyan legyél jelen. Nem tudsz ítélkezni tíz másodpercben, mert itt van és már el is múlt. Az életünk során fenntartjuk a saját kínlódásunkat azzal, hogy önmagunkon ítélkezünk, majd megpróbáljuk kijavítani, amit bíráltunk. De mi van, ha csak azt mondod: *Ó, nos, ezt tettem tíz másodpercig, na most mit szeretnék választani?*

Amikor valami olyat teszel, amit rossznak gondolsz, mennyi ideig bünteted magad érte? Mennyi ideig gyötrődsz miatta? Napok? Hetek?

Hónapok? Évek? Ha tízmásodperces lépésekben élsz, ezt nem tudod megtenni. Természetesen emlékezni sem tudsz semmire. De ez a jó hír.

Ha gyarkorlod az életed választásának a művészetét tíz másodperces lépésekben, elkezded teremteni a pénz befogadásának a választását és a lehetőségét. A legtöbben a kötelességek alapján teremtünk. Azt mondjuk: *Nos, mennem kell, mert ezt kell csinálnom és azt kell csinálnom, és amazt kell csinálnom.* De tényleg ezek azok a dolgok, amiket szeretnénk csinálni? Miért? Mert azt gondoljuk, hogy ezt kell tennünk. Azt gondoljuk, hogy kötelességünk megtenni, mert ha nem, akkor senki nem fog fizetni nekünk. Bevettük azt a gondolatot, hogy mindenki más fontosabb nálunk. Ha tíz másodperced lenne megválasztani a hátralévő életed, mit választanál?

Választanád a szegénységet? Ez csak egy választás, egyik sem buta, vagy őrült. Amikor tízmásodperces lépésekben élsz, választhatsz újra. Nem kell, hogy beleragadj a szegénységbe.

Van tíz másodperced, mit választasz? Gazdagságot? Oké, az a tíz másodperc lejárt. Van tíz másodperced élni a hátralévő életed, mit választasz? Nevetést? Tudatosságot?

TÖRÖLD EL ÉS TEDD NEMTEREMTETTÉ AZ ÉLETED

Az egyik dolog, amit csinálnod kell, hogy minden napot kezdj újból. Minden nap teremtsd meg az életed. Ez azt jelenti, hogy minden reggel el kell törölnöd és nemteremtetté kell tenned azt, aki tegnap voltál. Ha van üzleted, azt is töröld el és tedd nemteremtetté minden reggel. Ha minden nap eltörölsz és nemteremtetté teszel mindent az anyagi helyzeteddel kapcsolatban, elkezdesz több pénzt teremteni. Ma fogsz teremteni. Ez része a tíz másodperces lépésenkénti létezésnek. Amikor a pillanatban élsz, akkor nem próbálod meg bebizonyítani, hogy a múltbeli döntéseid helyesek voltak, folyton pillanatról pillanatra teremted az életed.

Hajlamosak vagyunk azt gondolni, hogy: *Oké, én teremtettem ezt a gyönyörű szarkupacot, tehát nem akarom nemteremtetté tenni. Csak figyelmen kívül hagyom és átlépek rajta, itt és most megyek és teremtek valami mást.* A helyzet az, hogy a kupac szar ott csücsül, és te minden nap figyelmen kívül hagyod, egyre büdösebb és büdösebb, míg végül rettenetessé válik, és foglalkoznod kell vele.

Pusztítsd el és tedd nemteremtetté a kapcsolatodat

Ha van egy kapcsolatod, és minden nap elpusztítod és nemteremtetté teszed, akkor minden nap megújulva teremted meg. Ez a dolgok kreatív peremén tart. Dolgoztunk egy párral, akik már huszonhat éve voltak házasok, és a huszonhetedik házassági évfordulójukon, ahelyett, hogy egy újabb szertartást tettek volna, úgy döntöttek, hogy teljesen elpusztítják és nemteremtetté teszik a kapcsolatukat. Azóta is folyamatosan ezt teszik, és azt mondják, hogy a szex egyre jobbá és jobbá válik—és egyre többet csinálják.

A tizenhét éves lányuk azt mondta: „Abbahagynátok, hogy úgy viselkedtek, mint két kanos tinédzser? Gusztustalanok vagytok. Mindig azt akarjátok csinálni." Mindezt azután, hogy már huszonhét éve házasok. Dehát ez történik. Amikor elpusztítasz és nemteremtetté teszel mindent, amit teremtettél, megjelenik egy lehetőség, hogy valami teljesen újat teremts.

Valami érdekes és váratlan történt, amikor úgy döntöttem, hogy elpusztítom és nemteremtetté teszem a kapcsolatomat a gyerekeimmel. A legkisebb fiam mindig késett. Biztosra lehetett venni, hogy legalább fél vagy egy órát fog késni mindenhonnan. Három nappal azután, hogy elpusztítottam és nemteremtetté tettem a kapcsolatomat vele, felhívott és azt mondta, „Hé apa, lehetne, hogy együtt reggelizzünk?"

Erre én: „Persze fiam, mikor szeretnéd?"

Mire ő: „Körülbelül húsz perc múlva."

Erre én: „Oké, rendben."

Dainnel voltam és mondtam neki: „Van legalább negyven percünk."
Szóval körülbelül negyvenöt percig kóvályogtunk körbe.

Amikor odaértünk a megbeszélt helyre, a fiam ott állt a sarkon és toporgott, úgy, ahogy én szoktam, amikor késik. „Hol voltatok? Már húsz perce itt várok rátok!"

Azt gondoltam: „Ó, Istenem! Jöttek a marslakók és elvitték az éjszaka közepén. Ez nem az én fiam. Ő sosem pontos!"

Azóta mindig pontos. Ez rendkívül furcsa. Miután elpusztítottam és nemteremtetté tettem vele a kapcsolatomat, felhagyott a késéssel.

Elpusztítani és nemteremtetté tenni nem azt jelenti, hogy fizikálisan el kell pusztítanod. Nem azt jelenti, hogy ténylegesen véget kell vetned a kapcsolatodnak. Azt pusztítod el és teszed nemteremtetté, amit valaha is eldöntöttél, tehát nagyobb tisztánlátásod van arra, hogy mi lehetséges. Elpusztítod és nemteremtetté teszed a döntéseidet és az ítélkezéseidet, a kötelességeidet, a zaklatottságot és ármánykodást, a kivetítéseidet és elvárásaidat, és minden olyan dolgot, amiről eldöntötted, hogy meg fog történni a jövőben.

Hogyan teszed ezt?

Hogyan teszed ezt? Azt mondod: *Mindent, ami tegnap voltam, most elpusztítom és nemteremtetté teszem.* Bármit el tudsz pusztítani és nemteremtetté tenni. Azt mondod: *Mindazt, ami a kapcsolatom tegnap volt (vagy az üzletem, vagy a pénzügyi helyzetem) elpusztítom és nemteremtetté teszem.*

Mi más lehetséges?

Emlékszel, milyen volt gyerekként? Minden napot azzal a gondolattal kezdtél, hogy mik a kötelességeid? Vagy a vidámságot és a játékot kerested? Ha elpusztítod és nemteremtetté teszed az életed minden nap, akkor minden reggel azzal a kérdéssel kelhetsz ki az ágyból, hogy

Oké, szóval milyen lehetőségeket teremthetek ma? Vagy: *Hé, mi más lehetséges?* Ha ezt teszed, egy teljesen más valóságot fogsz teremteni. Fiatalkori lelkesedéssel fogsz teremteni, mert már nem az vagy, aki tegnap voltál.

Ki vagyok ma, és milyen nagyszerű és dicsőséges kalandban lehet részem?

Egy másik kérdés, amit használhatsz, miután elpusztítottad és nemteremtetté tetted az életed: *Ki vagyok ma és milyen nagyszerű és dicsőséges kalandban lehet részem?* Ha elpusztítottad és nemteremtetté tetted a tegnapot, akkor az életet elkezded kalandként teremteni, ahelyett, hogy kötelezettség lenne.

IGAZSÁG ÉS HAZUGSÁG

Az igazság mindig könnyebbé tesz. A hazugság mindig nehezebbé tesz.

Ha valami nehézzé tesz, az hazugság számodra, akár az mindenki másnak vagy sem. Ne add át az erődet senkinek azzal, hogy azt mondod, ezt mások jobban tudják. Te vagy a forrás.

Mindenhol, ahol megakad a figyelmed valamin, ott egy igazság van amihez hazugság kapcsolódik. Kérdezd meg: *Melyik része igaz ennek és melyik a hazugság, kimondva vagy kimondatlan?*

Melyik része igaz?

A legtöbb hazugság, amelyen megakad a figyelmünk, mind kimondatlan hazugság. Folyamatosan rá gondolsz. Ha egy gondolat folyamatosan visszatér, kérdezd meg: *Melyik része igaz?*, és a válasz könnyedebbé tesz.

Mi az ehhez kapcsolódó kimondott vagy kimondatlan hazugság?

Kérdezd meg: *Mi az ehhez kapcsolódó kimondott vagy kimondatlan hazugság?* Amikor észreveszed a hazugságot, az egész dolog fellazul. Igazzá válik és megszabadulsz tőle.

Volt egy barátom, aki egy csodálatos gyógyító volt. Csodákat tudott tenni, csak azzal, hogy megmasszírozott. Meg tudta gyógyítani a tested. Elvégezte az Access Alapozót és az Access I-es kurzust és aztán azt mondta, hogy nem engedheti meg magának, hogy elvégezze a II. és III. kurzust. Azt mondtam: „Odaadom neked ingyen ezeket a kurzusokat, mert olyan jó barát vagy, és nagyon szeretném, ha megcsinálnád őket."

Azt mondta: „Remek", de nem jelent meg a kurzusokon.

Hívtam jó párszor, de nem hívott vissza.

Aztán kb. két hét múlva furán éreztem magam ettől a helyzettől, és elmentem a felesége irodájába, és ő is ott volt.

„Hé, elmegyünk sétálni?" – kérdeztem tőle. „Oké." – válaszolta.

„Szóval mi az oka, hogy nem jöttél el a kurzusra?"- kérdeztem.

„Nos, gondolkoztam ezen és rájöttem, hogy az én utam az, hogy vitaminokat áruljak."- mondta.

Vitaminokat áruljon? Ez az útja? Arra gondoltam: *Ettől nem érzem magam könnyebbnek. Mi az igazság itt?* Nem támadtam rá, de kíváncsi voltam: *Most ajánlottak fel neked ingyen egy 1400 dolláros kurzust és elutasítod. Mi folyik itt?* Elmentem és össze voltam zavarodva. Folyamatosan erre gondoltam.

Az igazság az . . .

Néhány nap múlva azt mondtam: *Várjunk csak egy percet! Az igazság az, hogy nem csinálta meg a kurzust.*

A kimondott hazugság

Aztán rámutattam a kimondott hazugságra, ami az volt, hogy vitaminokat akart árulni.

A kimondatlan hazugság

Aztán rájöttem a kimondatlan hazugságra, ami az volt, hogy ez az *ő választása* volt, hogy nem végezte el a kurzust. Igazából a *felesége* nem akarta, hogy elvégezze. Rájöttem, hogy a feleségéé a hatalom a családban, és nem akarja, hogy a férjének is legyen belőle, mert az azt jelenti, hogy lehet, hogy elhagyná őt. Fiatalabb volt, jóképű és nem értette, hogy a férje önmagáért szereti őt. Azt hitte, azért maradt vele, mert ő kereste a több pénzt, és úgy döntött, hogy jobb, ha erőtlenné teszi.

Miután rájöttem ezekre, tudtam, mi folyik itt, és soha többé nem gondoltam rá újra.

Használd ezt a visszatérő gondolatoknál. Kérdezd meg magad: *Melyik része igaz?* A válasz könnyedebbé tesz. Aztán kérdezd meg: *Mi az ehhez kapcsolódó kimondott, vagy kimondatlan hazugság?* Nagyon gyakran a hazugság, amely beragaszt, egy kimondatlan hazugság. Világíts rá a hazugságra, és megszabadulsz tőle.

ÉRDEKES NÉZŐPONT

Amikor az ítélkezésmentesség teréből működsz, akkor felismered, hogy minden te vagy, és semmit nem ítélsz meg, még magadat sem. Egyszerűen nincs ítélkezés a világodban. Teljes megengedés van minden iránt.

Amikor megengedésben vagy, akkor egy szikla vagy a patakban. Gondolatok, ötletek, hitrendszerek, viselkedések és érzelmek jönnek feléd, és körüljárnak téged, és te továbbra is a szikla vagy a patakban. Minden csak egy érdekes nézőpont.

Az elfogadás különbözik a megengedéstől. Ha elfogadásban vagy, amikor a gondolatok, ötletek, hitrendszerek és viselkedések jönnek feléd, és te a patakban vagy, akkor az elmos. Elfogadásban vagy, igazodsz és egyetértesz, ami a pozitív polaritás, vagy ellenállsz és reagálsz, ami a negatív polaritás. Bármelyiket is választod, a sodrás részévé válsz, és az elmos.

Ha megengedésben vagy azzal, amit mondok, mondhatod, hogy: *Nos, ez egy érdekes nézőpont. Kíváncsi vagyok, van-e benne igazság.* Kérdésbe mész, ahelyett, hogy reagálnál. Amikor ellenállsz és reagálsz, vagy igazodsz és egyetértesz a nézőpontokkal, akkor korlátokat teremtesz. A korlátlan megközelítés az, hogy *érdekes nézőpont.*

Hogy néz ez ki a hétköznapi életben? Te és a barátod sétáltok az utcán, és ő azt mondja neked: „Le vagyok égve." Mit csinálsz?

„Ó, te szegény!" Ez igazodás és egyetértés.

„Igen, le vagy!" ez ellenállás és reakció. Tudod, hogy kölcsön fog kérni tőled.

És ez az érdekes nézőpont, „Tényleg?"

Van valaki, aki irritál? Nem ő a probléma. Te vagy. Addig, amíg ez irritál, neked van problémád. Zárkózz be a fürdőszobába, és mondd, vagy gondold magadban: *Érdekes nézőpont, hogy van egy ilyen nézőpontom,* minden nézőpontra, amid van vele kapcsolatban, amíg túl nem jutsz rajta és megengedésbe nem kerülsz. Azután szabad vagy.

Ez nem arról szól, hogy mások hogyan válaszolnak neked. Ez arról szól, hogy olyan mértékig legyél megengedésben velük, amilyen eszelősek ők. Megengedésben kell lenned azzal, hogy a másik épp hol van, annak érdekében, hogy képes legyen megváltozni.

Nem kell igazodnod, egyetértened, és szeretned őket, és nem is kell ellenállni, reagálni és utálni őket. Azok egyike sem valós. Egyszerűen csak engedd meg, becsüld és tartsd tiszteletben a nézőpontjukat anélkül, hogy bevennéd azt. Megengedésben lenni valakivel nem azt jelenti, hogy a lábtörlője vagy. Csak annak kell lenned, ami az.

A legnehezebb dolog megengedésben lenni önmagaddal. Hajlamosak vagyunk ítélkezni, ítélkezni és ítélkezni magunk felett. Bezártuk magunkat abba, hogy megpróbálunk jó szülő vagy jó partner, vagy bármi jó lenni, és mindig bíráljuk magunkat. De lehetünk megengedésben a saját nézőpontunkkal szemben is. Mondhatjuk magunknak: *Volt ez a nézőpontom. Érdekes. Ezt csináltam. Érdekes.*

Amikor megengedésben vagy, minden érdekes nézőponttá válik. Nem fogadod el; nem állsz ellen. Csak van. Az élet könnyedebbé és még könnyedebbé válik.

AZ ÉLETBEN MINDEN KÖNNYEDÉN, ÖRÖMMEL ÉS RAGYOGVA ÁRAD FELÉM

Ez a mantránk az Accessben: Az életben minden könnyedén, örömmel és ragyogva árad felém. Ez nem egy megerősítés, mert ez nem csak a pozitív dolgok befogadásáról szól. Ez magába foglalja a jót, a rosszat és a csúfot. Mindezt könnyedén és örömmel és ragyogva vesszük. Egyáltalán nem kell fájdalmasnak, szenvedéssel telinek vagy gyötrelmesnek lennie, bár a legtöbbünk így éli az életét. Szórakozhatsz helyette. Mi van, ha az élet célja csupán annyi, hogy jól érezd magad? Az életben minden könnyedén, örömmel és ragyogva árad felém.

Mondd el tízszer reggel és este, és megváltozik az életed. Írd fel a fürdőszoba tükrödre. Mondd a társadnak, hogy azért írod oda, mert emlékezned kell rá. A társad életét is megváltoztatja, azért mert kénytelen lesz ránézni a tükörre.

Képzeld! Összeházasodunk!

Egy hölgy hívott és azt mondta: „Azt akarom, hogy a barátom feleségül vegyen. Hogyan tudnám elérni, hogy ez megtörténjen?"

Azt mondtam: „Drágám, én látnok vagyok, nem varázsló. Az egyetlen dolog, amit javasolni tudok, hogy tedd ki a tükörre, hogy Az életben minden könnyedén, örömmel és ragyogva árad felém, ott ahol a párod látja reggel borotválkozás közben, és ki tudja mi lesz?"

Három héttel később felhívott és azt mondta: „Képzeld! Összeházasodunk!"

Nagyi, mi ez?

Egy nagymama, aki Új-Zélandon Accessezik azt mondta, hogy a fiú unokája meglátta a hűtőn, hogy Az életben minden könnyedén, örömmel és ragyogva árad felém, és azt mondta: „Nagyi, mi ez? Használhatom?"

Erre ő: „Nos, ez az Accessből jön és használhatod—csak mondd meg az embereknek, hogy honnan való."

Az unoka, aki menedzser egy hűtő cégnél, értékesítőivel minden reggel elmondatta tízszer, és nyolc héten belül az eladásaik a havi 20000 dollárról 60000 dollárra növekedtek. Mindez anélkül, hogy bármi egyebet megváltoztattak volna.

Az unoka beszélt a legalacsonyabban teljesítő értékesítőjének a „Hogyan lehetne még ennél is jobb?" használatáról. A srác elkezdte használni minden alkalommal, amikor egy új értékesítésről állított ki számlát, és az eladásai a havi 7000 dollárról 20000 dollárra emelkedtek.

Ezek az emberek soha nem hallottak az Accessről, és fogalmuk sem volt, honnan való ez az eszköz, de használták őket—és nagy változásokat tapasztaltak abban, ahogy a pénz az életükbe beáramlott. Te is meg tudod csinálni.

HARMADIK FEJEZET

LEGYEN ELKÉPZELÉSED ARRÓL, HOGY MILYEN LEGYEN A MUNKÁD

SZERETED A MUNKÁD?

A legtöbb ember, amikor kap egy munkát, úgy dönt, hogy el kell fogadnia bármit is oszt ki rá a főnöke. Azt gondolják, hogyha a munkáltató rosszul bánik velük, akkor azt le kell nyelniük. Ez így működik. Ha nem tetszik, el lehet menni. Legtöbben ragaszkodnak a munkájukhoz, még akkor is, ha nem szeretik, mert úgy gondolják, hogy szerencsések, hogy van munkájuk, így jobb, ha kitartanak mellette. Lehet, hogy nem találnak másikat. Szenvedtél valaha is ettől a gondolattól? *Ha megkapom ezt a munkát, jobb, ha kitartok mellette, mert lehet, hogy nem találok másikat.* Ez eléggé messze van a végtelen lehetőségek megélésétől.

Legyen elképzelésed arról, hogy milyen legyen a munkád

Ahelyett, hogy elvállalnál egy munkát, amit nem szeretsz, és elfogadnál olyan feltételeket, amik boldogtalanná tesznek, legyen elképzelésed arról, hogy milyennek szeretnéd a munkád.

Az elképzelés alatt többet értünk, mint azt, hogy hogyan fog kinézni. Ez az összetevők rezgése, amik megvalósítják azt. Hogyan éreznéd magad a munkád során? Mit foglalna magába? Hogyan jelenne meg?

Ne csak gondolj rá. Legyen meg az érzése. És amikor megjelenik valami, ami ugyanolyan érzést kelt, akkor mozdulj abba az irányba. Amikor valami nem olyan érzés, akkor ne menj arra. Ha egy kicsit is úgy érződik, de nem egészen az, akkor ne menj arra. Attól a pillanattól kezdve, hogy elvállalsz egy munkát, azért, hogy túlélj, a túlélés lesz mindaz, amit valaha is kapni fogsz. Ne add meg magad annak, hogy *be kell fizetnem a számlákat.*

Mielőtt elkezdtem az Accesst, azt mondtam: „Oké, olyan munkát szeretnék, amivel minimum két hetet utazok havonta, és szeretnék évente minimum 100000 dollárt keresni. Szeretnék igazán érdekes emberekkel dolgozni és sosem unatkozni. Olyan munkát szeretnék, ami folyton változik és gyarapodik, és szeretnék egyre több vidámságot. Olyan munkát szeretnék, amely legfőképp emberek facilitálásáról szól, hogy még tudatosabbá és éberebbé váljanak arra, hogy mit szeretnének teremteni az életükben.

Ezeket a dolgokat akartam. Egy kis buborékot képeztem ebből magam elé, és energiát húztam bele az univerzum minden tájáról, mígnem azt éreztem, hogy erősebben növekszik, ekkor kicsi energiaszálakat csepegtettem belőle vissza mindazokhoz az emberekhez, akik talán engem keresnek, csak még nem tudják. Minden alkalommal, amikor az életben valami olyanra akadtam, ami ezekkel a jellemzőkkel bírt, vagy ezzel az érzettel, akkor azt választottam, akár volt számomra értelme, akár nem. Rengeteg különböző dolgot csináltam, de minden egyes dolog közelebb vitt ahhoz, amit ma csinálok. Bármit megtettem, ami olyan érzés volt, mint amit kértem—és az elvezetett a következő állomáshoz. Ennek köszönhető, hogy az Accessnél lyukadtam ki. Az első dolog, ami felbukkan, még nem kell, hogy a végső lépés legyen, de így választod a dolgokat, amik a következő lépcsőfokok lesznek számodra.

Egy nap elmentem egy helyre, ahol arra kértek, hogy egy csatornázott masszázst végezzek.

„Mi az? Nyitva kell tartanom a szemeimet? Le kell vetkőznöm? Meg kell érintenem a testedet?" és „Kapok pénzt érte?" – kérdezgettem.

„Csak annyit akarok, hogy csatornázz a masszőrömnek." válaszolta a fickó.

„Ó, rendben. Ezt megtehetem." – mondtam.

Megtettem, és elkezdtem használni az eszközöket, amiből az Access létrejött. Azóta az Access túlnőtte magát szájról szájra terjedve. Kilencvenkilenc százaléka azoknak, akik rátaláltak, egy baráttól hallottak róla, megragadták és vitték tovább. Miért növekszik így? Mert nyitott vagyok rá, mert hajlandó vagyok fogadni, bármi is az, és mert kilépek a komfortzónámból és valami mássá válok.

Milyen lenne az a munka, ami folyamatos, növekvő pénzmennyiséget biztosít?

Hogy nézne ki, milyen érzés lenne, és milyen íze lenne annak a munkának, ami folyamatos, növekvő pénzmennyiséget biztosít? Mi lenne, ha ez nem a túlélésről szólna, és nem is érdekelne, hogy kapsz-e érte pénzt? Mi lenne, ha a pénz nem lenne kényszerítő elem ebben a folyamatban? Mi lenne, ha a mozgatórugó maga a képesség lenne, hogy elérd, amire igazán vágysz az életben? Az, ahogy kapcsolódsz az emberekhez. Az, ahogy segítesz nekik elérni a vágyaikat és a céljaikat.

Mi az, amit igazán szeretnél elérni a életedben? Idézd fel ezt a képet. Milyen lenne azt csinálni? Ezt a kérdést tedd fel magadnak. Ne kérdezd, hogy *Hogyan teremtem ezt meg?* A hogyan teremti meg a szükségletét annak, hogy kitaláld, és ennek a szükséglete korlátozottságot teremt.

Kérd az Univerzumot, hogy segítsen

Kérd az univerzumot, hogy segítsen neked. Mondd, hogy *rendben, szeretnék egy munkát, aminek része ez, meg ez, meg ez és ez.* Kezdj energiát húzni ebbe a képbe a világegyetem minden irányából, addig amíg nem érzed, hogy elkezd növekedni, majd engedd a kis energiaszálaknak, hogy áramoljanak vissza mindenkihez, aki téged keres, és még nem tudja. Mindig, amikor megjelenik valami az életedben, ami ilyen érzést kelt, akkor járj utána.

Minden lehetséges. Végtelen lény vagy. Végtelen lehetőségeid vannak. Válaszd mindazt, amit szeretnél, hogy az életed része legyen.

HOGYAN TUDOM HASZNÁLNI A TEHETSÉGEMET ÉS A KÉPESSÉGEIMET, HOGY PÉNZT TEREMTSEK?

Sok évvel ezelőtt volt egy kárpitos üzletem, és felfedeztem, hogy olyan tehetségem van, amiről kiderült, hogy egyedülálló. Csak ránéztem a megrendelő szőnyegére, kelméjére vagy bármi egyébre, és pontosan tudtam, hogy milyen szín menne hozzá, és azt teljesen tisztán meg tudtam tartani az elmémben. Hat hónappal később belefutottam néhány szövetbe, aminek a színe pontosan megegyezett a kliens szőnyegével. Felhívtam és mondtam, hogy megtaláltam pont azt az anyagot, amire szükségük van, mire ők: „Nagyszerű. El tudnád hozni? Hány méter kell a székünkhöz?"

Megmondtam, és elhoztam az anyagot. Kértem érte pénzt? Nem. Miért? Nem ismertem fel, hogy ez egyáltalán képesség és egyedi. Azt gondoltam, bárki más meg tudná csinálni, amit én, és ezért nincs értéke. Legtöbbször ez van a tehetségünkkel és a képességeinkkel. Olyan könnyen megy nekünk, hogy fel sem tűnik a számunkra. Nem látjuk, hogy milyen értéket képviselnek mások számára.

Mi az az egy dolog, amit olyan rohadtul könnyedén végzel, hogy nem kerül erőfeszítésbe? Mi az, ami olyan könnyű számodra, hogy azt gondolod, bárki meg tudná csinálni? Természetesen, valójában senki más nem képes rá. Tedd fel a kérdést magadnak: *Rendben, mi az a tehetség, képesség, az a valami, amit olyan könnyedén végzek, hogy azt gondolom, nincs értéke?* Az a dolog az—amit könnyedén végzel, amiről azt gondolod értéktelen—ami valószínűleg a te legértékesebb tehetséged. Ha elkezded arra használni, hogy pénzt teremts belőle, elképesztően sikeres leszel.

Akkoriban, amikor még ingatlanoztam, ismertem egy hölgyet, aki egy hatalmas ingatlanközvetítő cégnél dolgozott. Szeretett főzni, rendkívüli ételeket készített a barátainak, és a legelkápráztatóbb desszerteket, amit bárki is valaha kóstolt. Minden alkalommal, amikor partit adott, felszolgálta az egyik desszertjét, és a város összes ingatlanügynöke megjelent.

Egy nap valaki azt mondta neki: „Olyan nagyszerű szakács vagy. Kéne nyitnod egy pékséget." Megtette, és mostanra multimilliomos. Amíg valaki nem mutatott rá, hogy egyedülálló tehetséggel bír, addig semmibe vette azt. Csak szeretett főzni. De mert végre valaki azt mondta: „Amit teszel az nagyszerű. Létre kéne hoznod egy pékséget," végre leesett neki. Otthagyta az ingatlanozást, ahol éves szinten 100000 dollárt keresett, és most milliókat keres. Azzal foglalkozik, amit szeret csinálni.

Csináld azt, amit szeretsz

Törekedj arra, hogy azt csináld, amit szeretsz, és ne azt, ami a szenvedélyed. Tudod, hogy honnan ered a szenvedély (angol: passion) szó? A görög szenvedés és mártírság szavakból; Krisztus szenvedésére és keresztrefeszítésére utal. Ezt jelenti a Passió. Ha arra vágysz, hogy a keresztre szegezzenek, kövesd a szenvedélyedet. Nézd meg az eredeti jelentését azoknak a szavaknak, amelyeket használsz, mert sok helyen téves az értelmezésük és a használatuk, azaz sok hazugságot hittünk el a szavak jelentését illetően. Fontos tudni valaminek az igazi jelentését. Évekig mondták neked, hogy Kövesd a szenvedélyedet. Működött? Nem. Oka kell, hogy legyen annak, hogy nem működött, és az oknak köze van a szó jelentéséhez.

Ha azt mondták neked, hogy ez és ez egy bizonyos eredményt fog hozni, és mégsem működik, akkor nézd meg a szó jelentését egy régi szótárban. Lehet, hogy azt találod majd, hogy a szó eredetileg pontosan az ellenkezőjét jelenti, mint amit a személy közvetíteni akart feléd. Ha az energia és a szó nem egyezik, akkor téves az értelmezés vagy a használat, és a szó tévesen lett meghatározva.

Ha pénzt akarsz keresni, csináld, amit szeretsz. Ha azt teszed, amit szeretsz, tudsz vele pénzt keresni, feltéve, ha hajlandó vagy pénzt elfogadni a szerelemért. Más szóval, hajlandónak kell lenned prostituáltnak lenni.

De vessünk véget az ítélkezésnek azzal kapcsolatban, hogy prostituált vagy. Töröld el és pusztítsd el az ítélkezéseidet azzal kapcsolatban, hogy prostituált vagy, mert valójában akkor prostituáljuk magunkat pénzért, amikor valami olyat teszünk, amit *nem* szeretünk.

VÁLASZD, HOGY NAGYSZERŰBB LESZEL

Dolgoztunk egy nővel, akinek volt egy kisvállalkozása, és úgy döntött, hogy bővíteni akarja. Úgy döntött, hogy nem lesz többé kisvállalkozás. Felbérelte a város legdrágább PR cégét, hogy reklámozza az üzletét, és szinte azonnal megnyílt előtte az út a nagyvállalatokhoz. Szerepelt a rádióban. Megjelent róla egy cikk egy felsővezetőknek szóló neves magazinban.

Megkérdeztem, hogy mit változtatott meg, és azt mondta: „Választottam."

„Ó, és mi volt a választás?" – kérdeztem.

„Azt választottam, hogy nagyobbá válok, mint amekkora vagyok." – válaszolta.

Ez az, amit tenned kell. Választanod kell, hogy nagyobbá válsz annál, mint amire eddig hajlandó voltál.

Amikor először kezdtem el hirdetni és fejleszteni az Accesst, elhatároztam, hogy sokkal feltűnőbbnek kell lennem. Bele kellett állnom, és többé kellett válnom, mint amire hajlandó voltam. Hajlandónak kellett lennem kilógni a sorból, kiállni és ellentmondást nem tűrőnek lenni. Hajlandónak kellett lennem olyan kijelentést tenni, ami valahogyan megrengeti az emberek világát.

Amint meghoztam ezt a döntést, az üzletem elkezdett növekedni, mert hajlandó voltam több lenni. Az a választás kezdi el növelni az üzletedet, hogy több leszel. Ez nem feltétlenül jelenti azt, hogy fogadj fel egy PR céget. Más módja is van ennek.

A lényeg, hogy meghozd a döntést, és utána megmutatkozik az életedben, hogy hogyan csináld. Amikor nem vagy hajlandó elköteleződni, hogy nagyobbá válj, mint ami már amúgy is vagy, akkor megragadsz ott, ahol mindig is voltál, és ott is maradsz.

A hajlandóságról beszélek, hogy minden értelemben több legyél. Hagyj fel azzal, hogy visszautasítod, hogy mindaz legyél, ami igazából vagy. Elég jól definiáltad magad, igaz? Ez vagyok én, meg ez, és ez. Többé válni azt jelenti, hogy szembe kell szállnod, legyőznöd és elpusztítanod a magadról alkotott régi definíciókat.

Csak ma, nagyszerűbb leszek, mint tegnap voltam

Minden reggel mikor felkelsz, kezdd azzal, hogy elpusztítasz és nemteremtetté teszel minden magadról alkotott definíciót. Majd mondd azt: *Csak ma, nagyszerűbb leszek, mint aki tegnap voltam.*

KIVÉ KELL VÁLNOD, HOGY SIKERES LEGYÉL?

Azt gondolod, hogy valaki másnak kell lenned ahhoz, hogy sikeres legyél? Egy színésznek valaki mássá kell válnia—de vajon neked is? Gondolj mindazokra a személyiségekre, amiket feltehetőleg azért teremtettél, hogy biztosítsák a sikeredet. Segített ez rajtad? Vagy még körülményesebbé tette, hogy elérd a sikert, amit akartál? Elvesztél abban, hogy ki is vagy valójában?

Ha sikeres leszel, kivé kell válnod? A válasz az, hogy legyél önmagad. Önmagadnak kell lenned. Ahhoz, hogy sikeres legyél, ki kell jutnod abból, hogy elveszett vagy, és meg kell követelned és birtokolnod kell az önmagadként létezés képességét. És mindent el kell pusztítanod, ami nem engedi, hogy érzékeld, tudd, létezd és befogadd, hogy igazából ki, mi, hol, mikor, miért és hogyan vagy igazán.

Mi mást kell még érzékelnem, tudnom, léteznem és befogadnom?

Az elején, amikor elkezdtem az Accesst, folyton azt kérdeztem, hogy *mi mást kell még érzékelnem, tudnom, léteznem és befogadnom, ami megengedné nekem és az Accessnek, hogy könnyedén növekedjen?* Négy napon át, harmincszor tettem fel ezt a kérdést. Hirtelen, ráeszméltem, hogy mit nem vagyok hajlandó megtenni.

Nem voltam hajlandó guru lenni az emberek számára. Nem érdekelt, hogy mások életét irányítsam. Az érdekelt, hogy a saját életemet irányítsam. A saját életem növekedése érdekelt. Nem érdekelt, hogy bárki más növekedéséért felelős legyek. A tény, hogy nem voltam hajlandó azok számára guruként megjelenni, akik azt akarták, korlátozta azoknak az embereknek a számát, akik az Accessbe jöhettek volna.

Rájöttem, hogy azt próbáltam bebizonyítani, hogy nem vagyok guru, azáltal, hogy mindig elnyomtam és kevesebbé tettem magam annál, mint ami tényleg vagyok. Amint megláttam, hogy mit csinálok, hajlandó voltam azt mondani, hogy *rendben, megjelenhetek guruként. Bármiként megjelenhetek, de nem kell, hogy az legyek. Látszhatok annak mások számára.* Megváltoztattam a nézőpontomat, és az Access elkezdett növekedni.

Mi másnak kell még lennem?

És akkor még egy lépéssel tovább kellett mennem. Azt kérdeztem, *tehát mi másnak kell még lennem?* Felismertem, hogy megosztónak kell lennem. Ha megosztó vagy, akkor az emberek beszélnek rólad, igaz? Tehát a jó hír az, hogy hajlandó voltam olyan megosztó lenni, amennyire csak lehet. Egyszer mikor San Franciscoban egy rádióműsorban beszéltem a következő szex és párkapcsolatról szóló kurzusomról, azt mondtam: „És beszélni fogunk az anális szexről és a bántalmazásról." Mire a riporter: „Khmm . . . Elnézést, Mr. Douglas. . ." Az vicces volt.

Tudsz-e többet befogadni, ha nem vagy hajlandó kiállni mindenki elé?

Azért, mert hajlandó vagyok beszélni mindenről, mert hajlandó vagyok teljesen felháborító lenni, és olyan módon megmutatni magam, amire nem voltam hajlandó azelőtt, mindenféle ember jelentkezik, hogy velem dolgozzon. Ha nem vagy hajlandó megmutatni magad, tudsz-e többet befogadni? Nem, nem tudsz. Hajlandónak kell lenned megosztónak lenni, ha jobbá akarod tenni az életed. Hajlandónak kell lenned arra, hogy felkavard az állóvizet. Hajlandónak kell lenned, hogy elpusztíts mindent, amit konzervatívnak gondolsz, és kilépni a saját valóságod jelenlegi irányító rendszeréből. Milyen lenne az életed, ha hajlandó lennél ezt megtenni?

A válasz az, hogy a beszűkülés helyett a kiterjedés jellemezné az életedet. Azt kutatod, hogy hogyan *nem kellene* csinálnod a dolgokat, ahelyett, hogy hogyan *tudnád* vagy *tudod* vagy *lennél képes* csinálni azokat?

Ha feladod az irányítást, akkor le se sz---od mások nézőpontját. Nem fogod megkövetelni, birtokolni és elismerni azokat a szabályokat, amelyek nem vonatkoznak rád. Ha hajlandó vagy abbahagyni, hogy mások szabályai és előírásai szerint élj, akkor többé nem kell az életed mindenki más nézőpontjára alapoznod.

Mi történne, ha kontrollon kívül lennél?

Mi történne, ha kontrollon kívül, definíción kívül, korlátozáson kívül, formán, struktúrán és jelentőségen kívül lennél a mesés, hihetetlen és jómódú életed teremtése közben? Botrányos lennél. Sok vidámságban lenne részed. Az élet az öröm megtapasztalásáról és az ünneplésről szólna, nem pedig a kevesebbé válásról.

Megkövetelnéd és birtokolnád annak a képességét, hogy a mai nappal kezdődően minden nap megünnepeld az életed, és egy örömteli élménnyé tedd? És megkövetelnéd és birtokolnád annak a képességét, hogy kontrollon kívül legyél?

NEGYEDIK FEJEZET

PROBLÉMÁS EMBEREK KEZELÉSE

ELF-ek és CSÖRGŐKÍGYÓK

Az ELF egy olyan személy, aki keresztbe tesz neked, csak a vicc kedvéért. Minek a rövidítése az ELF? Evil Little Fuck (gonosz kis rohadék, innen a rövidítés „ELF"). Az ELF olyan valaki, aki azt mondja: „Ó, szép ruha. Imádom minden alkalommal, amikor viseled!" vagy: „Nagyszerű ruha. Jól áll rajtad, még a felszedett kilók ellenére is."

Hajlamosak vagyunk a másik embert vagy teljesen jónak, vagy teljesen rossznak látni. Látni akarjuk bennük a jót, de a rosszat nem. Azt gondoljuk, hogy nem szép dolog a rosszat meglátni. Az lenne? Vagy inkább hülyeség és őrültség nem látni azt? Hülyeség és őrültség. Valamint nem annyira tudatos. Hajlandónak kell lennünk meglátni a gonoszt is valakiben, úgy, ahogy a jót is.

Előfordult már valaha, hogy valaki kihasznált téged? Használtak már ki a pénzedért? Fel kell ismerned, hogy ELF-ek és csörgőkígyók is vannak a világban, és némelyikük emberi testben van.

Amikor egy csörgőkígyó emberi testben van, nem akarod hazavinni éjszakára. Így vagy úgy, de beléd mar, és megmérgezi az univerzumodat.

Mindig ismerd el az életedben az ELF-eket és a csörgőkígyókat. Ha nem ismered el őket annak amik, akkor nem tudnak megváltozni. Nem tudnak más lenni. Tudjuk, hogy senki sem gonosz teljes mértékben, de a csörgőkígyók azt akarnák, hogy mezei kígyóknak hívd őket? Nem. Felidegesíti őket, és még inkább meg akarnak marni. Ha elismered őket, és azt mondod magadnak: *Te egy nagyszerű csörgőkígyó vagy, és nagyszerű gyémánt mintás a hátad és öregem annyira jól csörögsz, de én inkább mindig megtartom a nyolc lépés távolságot tőled*, akkor nem mar meg.

Ha látod a gonoszt valakiben és elismered, akkor az ítélkezés vagy észlelés? Ha észreveszed, hogy valaki hajlandó rossz dolgokat tenni veled, akkor nem tudják azokat a rossz dolgokat megtenni. Csak akkor tudnak övön aluli ütést bevinni, amikor nem vagy hajlandó ránézni arra, amikor valaki valami olyat csinál, ami nem kedves, nem jó, vagy nem teres. Kezdd el meglátni, hogy milyenek az emberek. Ne hidd el, hogy az emberek vagy teljesen jók vagy teljesen rosszak.

Jöttek olyan emberek a kurzusainkra, akik olyanok voltak, mint a kígyók. Azt gondoltam magamban: *Kérlek Istenem, ne engedd, hogy ez eljöjjön*, de ők továbbra is visszajöttek. Ők mindig egy nagy tanítás, mert tudom, hogy úgyis valami hitvány és undok dolgot fognak tenni. De mivel tudom ezt, fel vagyok rá készülve és tudom kezelni. Nem követem el azt a hibát, hogy azt gondoljam, hogy attól, mert eljönnek a kurzusra, tudatossá akarnak válni, vagy hogy tudatossá fognak válni. Tudom, hogy az a választásuk, hogy tudatosságellenesek legyenek, és ha ők tudatosságellenességet működtetnek, akkor nem lesznek éberek a dolgokra, amiket csinálnak, és azt választják, hogy minden alkalommal megszégyenítsenek másokat.

Kik az ELF-ek és csörgőkígyók az életedben?

Kik az ELF-ek és csörgőkígyók az életedben? Abbahagynád a küzdelmet, hogy a jót lásd bennük, és abbahagynád önmagad bírálatát, hogy nem vagy képes a helyes dolgot tenni annak érdekében, hogy abbahagyják, hogy annyira hitványak és utálatosak legyenek?

Ha elismered az ELF-eket és a csörgőkígyókat magad körül, nem a felettük való ítélkezés nézőpontjából, hanem éberségből, akkor megteremted azt a szabadságot, hogy elkerüld őket—vagy csak tudni fogod, hogyan kezeld őket.

Van egy barátunk, aki akupunktőr, és volt egy kliense, aki egy hatalmas ELF volt. Megkérdezte tőlem, hogy mit csináljon az illetővel, mire azt mondtam: „Csak folytasd a kezelését, de ismerd el, hogy ő egy ELF."

Néhány héttel később a barátom felhívott és azt mondta: „Nem hiszem el! Azt gondoltam, hogy ő lesz az utolsó ember a világon, aki megváltozik, de ma bejött, és azt mondta: „Egész életemben szörnyű ember voltam—hitvány és utálatos voltam mindenkivel. Úgy döntöttem, hogy anya akarok lenni, és el sem tudom képzelni, hogy egy gyerek olyan hitvány anyát akarna, mint amilyen én vagyok. Megváltozom!"

Annyit kell csak tenned, hogy elismered, ha valaki az. Nem kell megpróbálnod megváltoztatni őket.

EMBEREK, AKIK SELEJT MUNKÁT VÉGEZNEK

Ismersz olyan embereket, akik nem teljesítik a kötelezettségeiket, vagy akik olyan selejt munkát végeznek, hogy valaki mást kell felbérelned, hogy befejezze, amit ők elkezdtek? Eltűnődtél már azon, hogy ezt hogyan ússzák meg? A válasz az, hogy ha nem vagy hajlandó mindent befogadni, amit egy személy hajlandó megcsinálni, beleértve a jót, a rosszat és a csúfat, akkor átvágnak.

Egyszer volt egy házvezetőm. Olyasvalaki volt, akit ismertem, aki a barátom. Egyszer, mikor hazamentem egy nagyon fárasztó nap után, karomban a gyermekemmel, beléptem az ajtón, és nagyon kimerült voltam. A ház mocskos volt.

„Azt hittem, kitakarítottál ma." – mondtam.

„Kitakarítottam. Jössz nekem 80 dollárral." – válaszolta.

„Mire fel? Az egyetlen dolog, amit látok, hogy a konyhapult tiszta és a csaptelepek ragyognak, de minden más rumlis. A szőnyeget ki kell porszívózni. A konyhapadló sem lett feltakarítva." – mondtam neki.

„Nos, tartozol nekem." – mondta.

„Hogy tartoznék neked? Semmit sem csináltál. Miből gondolod, hogy megérdemled a 80 dollárt?" – kérdeztem.

„Mert megérdemlem." – válaszolta.

„Azt hittem a barátom vagy. Erre te átvágsz 80 dollárral, mert azt gondolod, hogy megérdemled, és még csak ki sem takarítottál? Milyen barátság ez?" – kérdeztem.

„Ez csak üzlet. Ne vedd magadra." – válaszolta.

Tett már valaha valaki ilyet veled? *Ez csak üzlet.* Hát nem imádnivaló, hogy *ez csak üzlet?* Ez azt jelenti, hogy bármit megtehetnek veled, amit csak akarnak, akár etikátlanok is lehetnek, ha választják, és neked ezt el kell fogadnod, és te vagy a hibás, hogy rájuk támadsz. Ez csak üzlet. Semmi személyes. De igenis, ez személyes! Amikor valaki átvág, az személyes.

Használtak így ki valaha? Hajlandó vagy felállni, és az a nagyszerűség lenni, aki vagy és megmondani nekik: „Nem. Ezt nem veszem be"?

Mindig a jót kellene látnod másokban?

Mennyit kell magadból lezárnod ahhoz, hogy ne érzékeld, tudd, létezd és befogadd, hogy milyen valaki igazából? Sokat vagy csak egy keveset? Sokat. Néhány ember nem akarja ezt elhinni. Azt tanították nekik, hogy csak a jót kellene meglátniuk másokban, de ha nem látod, hogy mi van, akkor hogyan tudsz megfelelően cselekedni?

Azt teszed, ami megfelelő, mert van éberséged. Tudod, hogy *Oké, elég hideg van, hogy felvegyek egy kabátot.* Amikor teljesen éber vagy, minden információt befogadsz. Ha kimész a természetbe és elvárod, hogy gondoskodjon rólad, akkor nem vagy hajlandó észrevenni, hogy hideg lesz. Nem vagy hajlandó észrevenni, hogy esni fog. Elázol? Megfázol? Igen. Az életünkben, ahol nem érzékeljük, hogy mi fog történni, ott nem vagyunk tudatában a lehetőségeknek.

A lényeg, hogy éberekké váljunk

A lényeg, hogy éberekké váljunk. Hogy megengedd magadnak, hogy befogadj, úgy, ahogy a természetben is teszed, azt jelenti, hogy nem záród el az érzékelésedet, és nem hozol döntést minden egyértelmű jel ellenére. *Oké, ez az ember jó arra, hogy együtt dolgozzunk.* Ha eldöntöd, hogy valaki becsületes, és ő hazudik neked, akkor észre fogod venni? Vagy arra jutsz, hogy *Nem, ő nem hazudhatott nekem.* Akár tízszer is megteszi, mire végül azt mondod, hogy *Tudod mit? Ő tisztességtelen!* És akkor már nem számít, hogy igazat mond-e vagy sem, már nem hallod meg. Még *mindig* nem vagy éber.

Szabályaid vannak, amik által meghatározod, hogy mit fogadsz be másoktól. Ha félreteszed a szabályaidat, és megengeded magadnak, hogy mindent befogadj tőlük, akkor nem kell ítélkezned mielőtt belekezdesz. Mondhatod: *Oké, tehát ki ez itt előttem? Mi történik? Mit csinál?*

Ha hazudnak neked, mondhatod, hogy *Ó, ez egy hazugság volt. Oké, érdekes. Kíváncsi vagyok, hogy van-e még más hazugságuk is, amit el fognak mondani.* Elkezded észrevenni, hogy miről hazudnak. És aztán rájössz, *Ó, tehát, ha ezt csinálom, akkor addig hazudnak nekem, amíg meg nem kapják az összes pénzem, de itt, az életnek ezen a másik területén becsületesek. Oké, király. Elfogadom az üzletnek ezt a részét velük, de a másik részét nem.*

Hajlandó vagy befogadni minden információt?

Ha bemész egy üzletbe, ahol DVD lejátszókat árulnak, és egy bizonyos modellt keresel, és az eladó azt mondja neked: „Ó nem, azt a modellt már nem áruljuk. Az már elavult," az igazat mondja neked? Ha hajlandó vagy befogadni minden információt, úgy, ahogy a természettel is teszed, akkor tudni fogod, hogy nem mond neked igazat.

Valójában az történik, hogy nincs az a modell az üzletben, és az eladó azt a modellt akarja eladni, amiből van nekik. Nem akarja, hogy vásárlás nélkül távozz az üzletből. Nem fogja azt sem mondani, hogy: „Nos, meg tudom szerezni neked azt a modellt." Ő azt akarja, hogy abból vásárolj, ami raktáron van nekik. Ha hajlandó vagy befogadni minden információt, akkor tudod, hogy mi történik, és tudod azt mondani, hogy *oké, ez nem igazán az a hely, ahol szívesen vásárolnék. Nem fogják azt adni nekem, amit én keresek. Nem áll érdekükben, hogy kiszolgáljanak. Csak a pénzem érdekli őket.*

Mit keresel, amikor elmész vásárolni valamit? Az eladót keresed, aki gondodat viseli? Amikor besétálsz, és valaki igazán kedves és azt mondja: „Helló. Olyan jó, hogy látlak. Hogy vagy?", akkor ő a gondodat fogja viselni? A valódi énjét mutatja? Nem. De mi van akkor, ha besétálsz, és valaki azt mondja: „Helló. Mit tehetek érted?" Amikor ezt kérdezik tőled, akkor talán érdekled őket.

Ki adta neked az Isten címet?

Ha nem ismered fel, amikor valaki etikátlan, aljas, gonosz, rosszindulatú, megosztó vagy ádáz dolgot művel veled, akkor az történik, hogy magadra veszed a felelősséget. Azt gondolod: *Ha másképp tettem volna, akkor ő nem tette volna azt, amit tett. Valamit biztos rosszul csináltam. Mi a baj velem?*

Nem vagy hajlandó felismerni, hogy te nem tennél aljas, kegyetlen dolgokat. Lehet, hogy kísértésbe esnél, de nem választanád azt. Magadat hibáztatod. Miért teszel szemrehányást magadnak? Miért vagy felelős, amikor mások azt választják, hogy aljasak és rosszindulatúak lesznek? Az egész világért felelős vagy? Ki adta neked az Isten címet?

Biztos, hogy nekem is volt ilyen nézőpontom. *Ha én lennék Isten, ez a hely jól működne.* De, amikor ez a nézőpontod, mindig rá kell nézned arra, hogy hogyan, ha valamit másképp tettél volna, a másik személy mást választott volna. Nem. Egyesek egyszerűen csak szeretnek ilyen dolgokat csinálni. Hajlandó lennél megkövetelni, birtokolni és elismerni, hogy egyesek szeretnek gonoszkodni?

Amikor ítélkezel magad felett, akkor éber vagy?

Amikor szemrehányást teszel magadnak azért, amit mások csinálnak vagy nem csinálnak, akkor ki felett ítélkezel? Magad felett. És ha magad felett ítélkezel, akkor éber vagy? Észreveszed-e azt, hogy mások azért választják, hogy gonoszak, mert azt szeretik? Nem. Azt feltételezed, hogy nem próbáltad elég keményen, és ha elég jól csináltad volna, akkor nem lettek volna rosszindulatúak.

Amikor valaki pénzt lop, az azért van, mert hagyod nekik? Azért van, mert nem álltál a sarkadra, vagy mert nem ellenőrizted le őket eléggé, vagy mert szeretnek lopni. Valaki, aki szeret lopni, az szeret lopni. Ha felismered azt a tényt, hogy nem te vagy a felelős mások döntéseiért, akkor meglátod, mit fognak csinálni, még mielőtt megtennék.

Csak azt mondod: *Oké, ők ezt választják. Érdekes nézőpont.* És amikor ezt teszik, azt mondod: *Tudod mit? Ebből elég. Nem akarom ezt tovább játszani veled. Vagy te mész el, vagy én.*

Ne próbáld meg helyre tenni. Ne próbáld meg megtartani a barátságot, vagy az üzleti kapcsolatot azt gondolva, hogy ha kitaláltad volna, vagy, ha jobban csináltál volna valamit, vagy ha megváltoznál, akkor ők rájöttek volna, és hirtelen megértenék, hogy miről beszélsz. Ez soha nem fog megtörténni.

MIT CSINÁLSZ, MIUTÁN BECSAPTAK EGY ÜZLETI MEGÁLLAPODÁS SORÁN?

Mit csinálsz, miután becsaptak egy üzleti megállapodás során, vagy egy kapcsolatban? Egyszerűbb utána menni valakinek, hogy valamit visszaszerezzünk—vagy teremteni valami újat? Ahelyett, hogy a múltba tekintesz, hogy mi történt, vagy nem történt, irányítsd a figyelmedet arra, hogy hogyan teremts egy olyan jövőt, amelyben többet teremtesz, mint amid van.

Vannak emberek, akik elloptak részeket és darabokat az Accessből, és az alapján alkották meg a saját programjaikat, amit tőlem tanultak. Az övék volt? Egy cseppet sem. Mindet tőlem lopták. Pár dolgot átírtak rajta, bizonyos dolgokat egy picit máshogy neveztek el, és úgy tanítják az én anyagomat, mintha az övék lenne. Beperelhetném őket, mert ez az én szerzői joggal levédett anyagom, de én inkább azzal foglalkozom, hogy egy órát segítek valakinek, aki tudatosabb akar lenni, minthogy olyanokkal harcoljak, akik soha nem lesznek tudatosak. Mindemellett tudom, hogy az anyag, amit elloptak, úgysem fog működni nekik.

Megbűnhődnek-e az etikátlan emberek?

Megbűnhődnek-e az etikátlan emberek? Nem. Ők nem hisznek a karmában. Nem fognak megbűnhődni. Folytatják a mások átverését addig, ameddig csak tudják. Majd azután meghalnak, visszajönnek és újra megteszik, mert szeretik ezt csinálni. Megkövetelnéd, birtokolnád és elismernéd, hogy egyesek szeretnek gonoszkodni és kellemetlenkedni? Ez az egyik dolog, amiben jók. Ez az erősségük az életben. Amikor valaki jó valamiben, akkor azt tovább csinálja.

Ha hajlandó vagy látni, hogy valaki ELF, vagy csörgőkígyó, akkor nem leszel kihasználva. Nem tudnak kihasználni. De mivel kedves, gondoskodó, szeretetre méltó és mindaz vagy, ami tényleg te vagy, gyakran nem látod a másikat olyannak, amilyen. Helyette magadat látod rossznak. De a valóság az, hogy te nem vagy etikátlan, gonosz vagy aljas. Sajnos ez azt jelenti, hogy laza vagy, kedveled a vidámságot és könnyen ki tudnak használni, és mindenki baleknak tart. Te csak addig vagy balek, amíg nem vagy hajlandó felismerni az embereket, akik hajlandóak hitványak és gonoszak lenni.

Ki tudnak használni az emberek, ha érzékeled, hogy mit fognak csinálni?

Mindaddig, amíg éber vagy nem tudnak kihasználni, mert tudod azt mondani, hogy *nem, én ezt nem csinálom.* Van választásod. Addig, amíg éber vagy, nem várod el az emberektől, hogy bármit is másképp csináljanak, mint amit csinálnak.

Amikor azt várjuk el az emberektől, hogy úgy viselkedjenek, ahogy mi, akkor pofára esünk. Az emberek úgy fognak cselekedni, ahogy azt megszokták, és hajlandónak kell lenned, hogy ezt meglásd. Ha nem vagy hajlandó befogadni ezt az információt, akkor ki fognak használni.

Ítélkezés nélkül kell befogadnod minden információt. Ránézni, hogy mi történik. Ez nem egy *Hoppá, óvatosnak kell lennem.* Ez egy *Hoppá, ébernek kell lennem.* Ha éber vagy, senki nem tud kihasználni, de ha óvatos vagy, akkor mindenki ki tud használni.

Amikor Dain egy BMW-t keresett, elmentünk egy helyre, ahol hirdettek egy eladót. Felhívtuk őket reggel, és azt mondták, még megvan nekik, de mire odaértünk az eladó azt mondta: „Ó, már eladtuk. Nem nagy ügy. De itt vannak ezek a Porsche Boxsterek. Nagyon sokan hívnak BMW-k miatt, és már tíz emberrel megtettem ezt. Helyette ezt az autót ajánlottam nekik.

„Ezt tettem *velük*," azt mondta.

Már tudtuk is. „Viszlát! Köszönjük."

És ott se voltunk.

HOGYAN BÁNJ AZ ELF-EKKEL ÉS A CSÖRGŐKÍGYÓKKAL?

Hogyan bánj olyan problémás emberekkel, mint az ELF-ek és a csörgőkígyók? Tedd anélkül, hogy bármi érdek fűzne hozzá. Nem ragaszkodhatsz egy bizonyos végkimenetelhez.

Amikor kérsz valamit az életben, bármit is kérsz, hogy megkapd, nem lehetsz érdekelt az eredményben. Érted, mit értek ez alatt? Ha azt gondolom, hogy akarok egymillió dollárt, és ezt tőled kell megkapnom, akkor érdekem fűződik az eredményhez. Megkövetelem, hogy *Ide adod nekem az egymillió dollárt? Add ide az egymillió dolláromat!* Ez az, amikor érdeked fűződik a végeredményhez.

Szereznem kell egymillió dollárt azt jelenti, hogy mennem kell, és ezt és ezt és ezt kell tennem. Akarok egymillió dollárt, tehát el kell végeznem ezt a 3 millió dolláros építkezést, azaz be kell nyelnem minden szart ettől az embertől, hagynom kell, hogy a bankárok lehúzzanak minden adandó alkalommal, és a végén majd minden jól fog elsülni.

De amikor nem vagy érdekelt a végkimenetelben, azt kérdezed, *mik a végtelen lehetőségeim, hogy az egymillió dollár beáramoljon az életembe a következő két éven belül, vagy a következő évben, vagy a következő hat hónapban?* Engeded, hogy jöjjön hozzád az információ, ami lehetővé teszi, hogy azt be is fogadd.

A legegyszerűbben úgy tudod kezelni a problémás embereket, ha megengedésben vagy. Ha felismersz egy csörgőkígyót, beengeded az ágyadba? Ha felismersz egy ELF-et vagy egy csörgőkígyót, mondhatod, hogy „Érdekes nézőpont". Azt hiszi, hogy megússza. Ha nyugodt, laza és összeszedett maradsz, és ha jelen vagy azzal, amit érzékelsz, tudni fogod, hogy meg fogja próbálni, hogy átvágjon. Éber leszel az egész beszélgetés során, és nem fogod hagyni, hogy megtörténjen.

Amint azt mondod, hogy *ő egy nagyon kedves ember,* véged van. Amikor azt mondod, hogy *megetetem vele a saját főztjét,* akkor abból harc lesz. Amikor konfliktusban vagy valakivel, az lezárja az energiát. Nem akarod lezárni az energiát, azt akarod, hogy áramoljon. Ahhoz, hogy ez megtörténjen, megengedésben kell lenned. Te vagy a szikla a patakban, és a víz áramlik körülötted. Bármit is csinál az a problémás ember, az csak egy érdekes nézőpont, és amikor minden csak egy érdekes nézőpont, akkor te vagy a szikla a patakban, és a víz—vagy az energia—továbbra is áramlik.

SZÍVD TŐLÜK AZ ENERGIÁT, MÍG LE NEM ESNEK A LÁBUKRÓL

Amikor az elején elkezdtem tanítani, úgy fogalmaztam, *amikor az emberek energiát tolnak feléd, akkor olyan erősen kell húznod tőlük az energiát, hogy végül feladják.*

Egy nap arra gondoltam: *"Utálom az ügynököket, különösen, amikor vacsoraidőben hívnak. Azon tűnődtem, hogy mi történne, ha energiát húznék tőlük."* Minden este hat órakor a telefon elkezdett csörögni, és mindig egy ügynök volt, és mindig megpróbáltak valamit eladni. Úgy döntöttem, hogy megváltoztatom a dolgokat. Egyik este csörgött a telefon, és azt mondtam: *Oké, ez egy ügynök. Tudom, hogy ez egy ügynök.*

Felvettem a telefont és azt mondtam „Helló," és igen, egy ügynök volt. Belekezdett a mondókájába és én elkezdtem energiát húzni tőle.

Azt mondtam: „Ez nagyon király. Már kerestem ezeket. Tudna kettőt küldeni ebből?"

Erre ő: „Úh, igen uram. Megkaphatom a hitelkártya számát?" Erre én: „Persze, nem gond", és iszonyatosan húztam tőle az energát.

Felírta a hitelkártya számot, és azt mondta: „Biztos, hogy szeretné ezt uram?"

Erre én: „Teljesen. Ez pont az, amit már kerestem."

Éreztem, ahogy töpreng: „Ez nem áll össze, ez nem áll össze, ez nem áll össze."

Letette. Kevesebb, mint öt perc múlva csörgött a telefonom. „Mr. Douglas? XY főnöke vagyok." Iszonyúan húztam az energiát, a testem és lényem minden pórusán át energiát húztam.

Megkérdezte: „Maga rendelte ezt?"

Erre én: „Igen, uram, és nagyon boldog vagyok, hogy nemsokára megérkezik." Erre ő: „Köszönöm szépen, Mr. Douglas."

Az értékesítőknek akadályra van szükségük

Sosem kaptam meg a terméket, és sosem számlázták ki. Miért? Mert azoknak, akik értékesítenek, akadályra van szükségük. Tudják, hogy van egy falad, és ha le tudják dönteni, akkor sikerül az értékesítés. De ha nem állsz ellen, és energiát húzol tőlük, akkor azt gondolják, hogy valami baj van—megőrültél, hazudsz, vagy valaki más hitelkártyája van nálad. Valami nagyon nem stimmel, ha nincsenek fenn a falaid, és nem ellenállásból és reakcióból működsz.

Látom az ablakból az értékesítőket, ahogy jönnek a bejárati ajtóhoz, és amint meglátom őket, elkezdem húzni az energiát tőlük, mert tudom, hogy megpróbálják ledönteni a falaimat. A házhoz vezető betonjárda egyenletes felületű, de mivel energiát húzok, majd lerogynak mire az ajtóhoz érnek.

Amikor kinyitom az ajtót, azt mondom: „Helló, hogy van?" és energiát húzok.

Erre ők: „Helló, ezt árulom, de nem jó, és nem is kell magának."

Tovább húzom az energiát, mire azt mondják: „Nem számít. Viszlát."

Fogalmuk sincs, miért mondták el mindezt nekem.

Az autókereskedő azt mondaná, „Van ez a jó kis furgonom és tényleg jól megy". Amikor energiát húzol, azt fogja mondani: „És a váltó hamarosan tönkre fog menni, és nem éri meg az árát. Nem hiszem el, hogy ezt mondtam!" Állandóan ezt csinálják. Te csak húzd az energiát, mint egy őrült, amikor energiát tolnak feléd.

Ha masszívan húzol energiát valakitől, aki energiát tol feléd, akkor az minden okot fel fog sorolni, hogy miért nem kellene megvenned a termék üket. A vallásos embereknél is működik, akik bekopognak az ajtódon. Ha megengeded, hogy bejöjjenek, és iszonyúan húzod az energiát tőlük, akkor elmennek.

Hívők jöttek a házamhoz, és tudtam, hogy kik ők. Ajtót nyitottam, és iszonyatosan húztam az energiát tőlük, majd azt mondtam: „Üdv, hogy vannak?"

Mire ők: „Üdv, mi Isten nevében jöttünk," vagy valami ilyesmi.

Erre én: „Remek. Szívesen végighallgatnám a mondandójukat. Nem bánnák, ha csatornáznék önöknek?"

Fénysebesen kint is voltak, és feltették a házat az elkerülendő házak listájára. Sosem jöttek vissza.

Hogyan húzz energiát?

Hogyan húzz energiát? Csak kérd az energiahúzást. A minap valaki mesélte, hogy hogyan működött az energiahúzás egy rendőrrel. Félreállították gyorshajtásért, ő pedig húzta az energiát. Ahelyett, hogy a rendőr megbírságolta volna, annyit mondott: „Elő ne forduljon még egyszer." Mindenféle helyzetben tudod használni. Mindaddig, amíg húzod az energiát valakitől, addig nem tud agresszíven viselkedni. Az agresszió leáll, amikor energiát húzol.

Az egyik módja a gyakorlásnak, hogy bemész egy kávézóba, egy olyanba, ahol sokan vannak. Csak állj meg az ajtó mellett, és kezdd el húzni az energiát mindenkitől, amíg mindannyian meg nem fordulnak, és rád nem néznek.

Csak kérd az energiahúzást. *Oké, most energiát húzok mindenkitől, aki itt van addig, amíg megfordulnak és rám néznek.*

Az emberek megfordulnak és rád pillantanak, mire te, *Király!* Ennyi az egész. Ez nem munka. Nem kerül erőfeszítésbe. Könnyű.

HOGYAN JUSS HOZZÁ A PÉNZHEZ, AMIVEL TARTOZNAK NEKED?

Néha az emberek megkérdezik tőlem: „Hogyan jussak hozzá ahhoz a pénzhez, amivel tartoznak nekem?" Ha valaki pénzzel tartozik neked, annyit kell tenned, hogy energiát húzol tőlük a tested és a lényed minden pórusán keresztül, amíg érzed, hogy megnyílik a szíved. Amikor ez megtörténik, kapcsolódtál hozzájuk. Aztán engedd, hogy egy kis energiaszál menjen vissza hozzájuk. Csináld meg ezt minden nap, a nap 24 órájában. Nem tudnak kiverni majd a fejükből, amíg vissza nem fizetik neked, amivel tartoznak.

Tedd ezt anélkül, hogy ragaszkodnál a végkimenetelhez. Döntsd el, hogy továbbra is fenntartod a kapcsolatot velük, és továbbra is engeded az energia folyam áramlását magad felé, amíg hozzád nem áramlik a pénz, amivel tartoznak.

Hogyan működik?

Amikor valaki pénzzel tartozik neked, akkor falakat húz fel. Ha energiát húzol tőlük, és egy kis áramlatot engedsz vissza, akkor nem tudják megállni, hogy rád gondoljanak. Minél többet gondolnak rád, annál tovább nő a bűntudatuk. Minél nagyobb a bűntudatuk, annál valószínűbb, hogy fizetnek. Ez működik!

Olyantól próbálsz pénzt begyűjteni, aki már meghalt? Tedd ugyanezt. Egy másik testben fog eljönni hozzád és valamilyen úton pénzt fog adni neked, mire te azon fogsz tünődni: *Miért adja nekem ezt a pénzt ez az ember?* Eltávozott, majd kapott egy új testet és visszajött. Te egy határtalan lény vagy, igaz? Gondolod, hogy csak egy élet van, ami számít?

Volt már olyan élményed, hogy valaki belépett az életedbe, és sok pénzt költött rád, vagy vett tőled valamit, vagy munkát adott, vagy egy nagyobb összeget, és neked fogalmad sem volt róla, hogy miért csinálja ezt? Nem volt különösebb kapcsolatuk veled, csak jöttek, adtak egy nagy rakás pénzt, amit igazából nem érdemeltél ki? Megdobtak pénzzel és kisétáltak az életedből? Ha ez történt veled, az azért volt, mert az a személy tartozott neked egy előző életben.

ÖTÖDIK FEJEZET

AJÁNDÉKOZÁS ÉS BEFOGADÁS

A LEGNAGYSZERŰBB DOLOG, AMIT TEHETSZ, HOGY MEGTANULSZ BEFOGADNI

Sok emberrel dolgoztunk a pénzzel kapcsolatos problémáikon. Dolgoztunk olyanokkal, akiknek 10 dollár volt a zsebében és olyanokkal is, akiknek 10 millió. Az az érdekes, hogy mindegyiküknek ugyanaz volt a gondja—és ennek egyáltalán semmi köze a pénzhez. Ahhoz van köze, hogy mit hajlandóak befogadni.

A legnagyszerűbb dolog, amit tehetsz, hogy megtanulsz befogadni. A pénz, a szex, a kapcsolatok, sőt az életedben bármilyen dolog korlátozásának az az alapja, hogy nem vagy hajlandó befogadni. Amit nem vagy hajlandó befogadni, az megteremti annak a korlátják, amid lehet.

AZ ÍTÉLKEZÉS KORLÁTOZZA A KÉPESSÉGEDET A BEFOGADÁSRA

Mindig, amikor elkezdesz bírálni valamit, legyen az pozitív vagy negatív—vagy bármilyen fokú bírálat—azzal levágod a képességedet, hogy befogadj túl azon az ítélkezésen. Minden bírálatod megállít abban, hogy befogadj bármit is, ami nem passzol hozzá, még az a pozitív bírálatod is, hogy *ez a személy tökéletes*, távol tart attól, hogy meglásd, amikor nem tökéletes. Amikor eldöntöd, hogy a tökéletes nőt vetted el, akkor képes vagy meglátni, amikor nem tökéletes? Észre veszed, amikor megcsal téged? Nem. Nem vagy képes befogadni az illető teljes valóságát.

Bármi is, amit nem vagyunk képesek befogadni, az az ítélkezésünkön múlik. Ítélkezésben kell élned? Nem. Valójában, ítélkezés nélkül kell, hogy élj. Ha a nem ítélkezés teréből élsz, akkor a teljes világot be tudod fogadni. Mindenre szert tehetsz, amit valaha is akartál. Amikor nem ítélkezel, akkor nincs olyan, amit ne tudnál befogadni.

Dolgoztam egy férfival, akinek férfiruha boltja volt a város melegek lakta negyedében. Problémái voltak a vállalkozásával, és megkért, hogy segítsek neki kideríteni a probléma okát. Megvizsgáltunk mindent, minden jónak tűnt, és arra gondoltam, „Mi tartja őt vissza a sikertől?"

Azt mondtam: „Akkor mesélj a vevőidről."

„Ó, nagyon jók, kivéve azokat az alakokat." – mondta. „Azok az alakok? Kik azok az alakok?" – kérdeztem.

„Ó, tudod, ezek a melegek, akik ide járnak. Utálom, amikor bejönnek és rám másznak." – válaszolta.

„Az üzleted a város melegek lakta negyedében van, igaz?" – kérdeztem.

„Igen." – válaszolta.

„Tudod mit? Itt hibázol, mert nem vagy hajlandó befogadni a vásárlóid energiáját. Nem fognak egy fityinget sem adni neked, ha nem vagy hajlandó befogadni az energiájukat. – mondtam.

„Ezt hogy érted?" – kérdezte.

„Hajlandónak kell lenned befogadni az energiájukat, úgy mintha pénzt kapnál tőlük. Meg kell tanulnod incselkedni és flörtölni velük." – mondtam.

„Ezt sosem tudnám megtenni! Nem akarok pasival szexelni!" – válaszolta.

„Én nem mondtam, hogy szexelned kell velük. Azt mondtam, hogy flörtölnöd kell velük. Flörtölsz nőkkel, igaz?" – kérdeztem.

„Amikor nincs ott a feleségem." – válaszolta.

„Akkor flörtölj csak férfiakkal. Ez nem azt jelenti, hogy közösülnöd kell velük. Ez csak annyit jelent, hogy hajlandó vagy befogadni az energiát, amit adnak neked, és utána megkapod a pénzüket." – magyaráztam neki.

Tehát megtanulta örömét lelni a vásárlóiban, és incselkedni meg flörtölni velük. Megtanulta jól érezni magát velük, és elkezdett sok pénzt keresni. Elítélte, hogy befogadja a vásárlóinak az energiáját, ami korlátozta, hogy mit tud pénzügyileg befogadni. Ugyanez igaz rád is. Amit nem vagy hajlandó energetikailag befogadni, az korlátozni fogja, hogy miből tudsz pénzt teremteni.

MI AZ, AMIT EGYÁLTALÁN NEM VAGY HAJLANDÓ BEFOGADNI?

Felteszünk neked egy kérdést, és szeretnénk, ha leírnád az első dolgot, ami az eszedbe jut, vagy mondd ki hangosan, különösen, ha egyáltalán semmi értelme nincs a számodra. A kérdés célja, hogy kinyissa mindazt, amit nem vagy hajlandó befogadni. Bármi is legyen, amit nem vagyunk hajlandóak befogadni, az korlátozza azt, amit megteremthetünk az életünkben. Korlátozza azt, amit birtokolhatunk.

Íme a kérdés: Mi az, amit egyáltalán nem vagy hajlandó befogadni, amit, ha befogadnál, az teljes bőségként manifesztálódna?

Feltettük ezt a kérdést egy csoportnak. Itt van néhány válasz, ami feljött. Van köztük olyan, amelyik rád vonatkozik?

Nem kedvelnek az emberek	*Ítélkezést*	*Egészséget*
Szeretetet	*Szexet*	*Önmagam*
Intimitást		

Mi az, amit egyáltalán nem vagy hajlandó befogadni, amit ha befogadnál, az teljes bőségként manifesztálódna? Mi van a listádon? Hasonlóak a válaszaid?

Felelősség	*A nagyszerűségem*
Siker	*Valami, amiért meg kell fizetnem*
Furának és különcnek lenni	*Jól érezni magam, amikor vidámság van az életemben*

Mi az, amit egyáltalán nem vagy hajlandó befogadni, amit ha befogadnál, az teljes bőségként manifesztálódna? Mi jött fel neked most? Bármelyik is ezek közül a listádon van?

Könnyen szerzett pénz	*Túlterheltnek lenni*	*Gondoskodás*
Hibásnak lenni	*Képesség a teremtésre*	*Segítség*
Megpofozva lenni	*Vidámnak lenni*	*Kockázatot vállalni*

Elég érdekes, igaz? A dolgok, amiket nem vagy hajlandó befogadni, korlátozzák, hogy mid lehet az életben. Mivel nem vagy hajlandó befogadni ezeket a dolgokat, nem lehetsz bőségben. Mindenkinek szinte ugyanaz a gondja. Az, hogy nem vagy hajlandó befogadni valamit, bármi is legyen az a te esetedben, korlátozza azt a pénzösszeget, amid lehet. Minden szempontból bekorlátozza azt, amid lehetne. Az, amit nem vagyunk hajlandóak befogadni, az okozza a problémát. Mi lenne, ha hajlandó lennél bármit és mindent befogadni?

Milyen energiáról döntötted el, hogy nem tudod befogadni? Milyen ítélkezésed van, ami megállít abban, hogy korlátlanul befogadj? Ahogy olvasod ezeket a kérdéseket, talán valami beugrik. Jön egy válasz valahonnan—találd ki honnan—az őrült elmédből, mert ez az, ami az összes korlátodat teremti. A logikus agyad fogja ezeket az őrült korlátozásokat és igazolja őket. Döntéseket hoz és ítélkezik, amik fenntartják a korlátozásokat.

A nagyszerű dolog mindebben: az őrült elméd válasza, ami felbukkan, az nemcsak a korlátozásaid kinyilatkoztatása, hanem egyben a válasz is, ami felszabadít. A logikus agyad csakis a már meglévő örült nézőpontjaidat igazolja.

Tehát, milyen energiát nem vagy hajlandó befogadni?

Nem kavarok házas nőkkel

Évekkel ezelőtt, amikor a harmincas éveimben jártam, lovakkal foglalkoztam. Akkoriban azt terveztem, hogy hat hónapot Európában töltök, és találkoztam egy hölggyel, aki Montecitoban élt, ami egy elegáns környék Santa Barbarában. Volt néhány lova, és azt akarta, hogy lovagoljam meg őket, így elmentem, és meglovagoltam a lovait. Igazán helyesnek talált, kinézett magának, és elkezdett velem flörtölni. A reakcióm erre egy ítélkezés volt: *Nem kavarok házas nőkkel*. Volt egy ügyvéd férje, és arra gondoltam, hogy a legutolsó dolog, amire vágyok, hogy ilyesmibe keveredjek. Akkor igazán bajban lennék.

Tehát elmentem Európába, és távol voltam hat hónapot. Amikor visszatértem, elkezdett hívogatni, és az előzőleg meghozott ítélkezéseim alapján, mindig csak halogattam és húztam az időt, és nem csináltam semmit vele.

Két hónappal később megtudtam, hogy férjhez ment egy pasihoz, aki annyira hasonlított hozzám, hogy akár a fivérem is lehetett volna. Azt feltételeztem, hogy férjnél volt—de a valóság az volt, hogy amíg én Európában voltam, azalatt elvált a férjétől. Senki sem mondta nekem.

Hat hónappal az esküvő után meghalt agyvérzésben, és az egész vagyonát, 67 milló dollárt, ráhagyta az új férjére. Szerinted az ítélkezéseimnek volt bármi hatása az életemre? Melyek azok az ítéleteid, amelyek hasonlóan hátrányos hatással bírhatnak az életedre?

KONTROLLON KÍVÜL KONTRA NEMKONTROLL

Hajlamosak vagyunk kontrollálni magunkat limitációkkal, melyeket mi magunk teremtünk. Mindent kontrollálunk magunk körül azzal kapcsolatban, hogy mit fogadunk be, mit nem fogadunk be, mi lehetséges és mi nem lehetséges, mit gondolunk arról, hogy hogyan kell kinéznie valaminek, és milyennek akarjuk, hogy kinézzen. Azt gondoljuk, hogy ezáltal kerülünk irányító pozicióba. De nem kontrollálni akarsz, hanem kontrollon kívül lenni. El kell jutnod arra a pontra, ahol hajlandó vagy teljesen kontrollon kívül lenni.

Nem arról beszélek, hogy abban az értelemben légy kontrollon kívül, mintha részeg és féktelen volnál, és arról sem, amikor 8000 km per órás sebességgel hajtasz az autópályán. Nem arról beszélek, hogy vetkőzz pucérra a nyilvánosság előtt, vagy ilyesmi. Ez a nem-kontrollálás. Amit el akarsz érni az a kontrollon kívüliség. Az a baj az életeddel, hogy nem vagy kontrollon kívül.

Hajlamosak vagyunk időnk nagy részét ítélkezésben ücsörögve tölteni, miközben azt próbáljuk kitalálni, hogyan kontrolláljuk magunkat, hogy érvényesülni tudjunk a világban. Amikor kontrollon kívül vagyunk, akkor hajlandóak vagyunk a megszokott normákon és viszonyítási pontokon kívül létezni. Kontrollon kívül lenni nem azt jelenti, hogy nem kontrollált, részeg és fegyelmezetlen vagy. Ez arról szól, hogy nem adjuk át a kontrollt és nem hagyjuk, hogy mások nézőpontjai, mások valósága, ítélkezése és döntései legyenek a kontrolláló tényezők az életünkben. Kontrollon kívül lenni véget vet azoknak a dolgoknak, ahol átadtad az életed részeit másoknak, és magadnál sokkal erősebbé tetted őket. Kontrollon kívül lenni az, amikor többé már nem az eredmény vagy, hanem a forrás.

Kontrollon kívül akarsz lenni, mert az életed már korlátozott. Az életed dobozát már meghatároztad és bezártad. Létrehoztad a koporsót, amit az életednek hívsz. Azt hiszed, hogy élsz, de egy koporsóban tengődsz. Ha ledöntenéd ezeket a korlátozásokat, akkor elkezdhetnél teremteni a kontrollon kívüliség teréből.

Amint hajlandó vagy kontrollon kívül lenni, máris hajlandó vagy kijönni a koporsóból, amivé az életedet tetted. Már nem úgy tekintesz a múlt tapasztalataira, mint a jövőd teremtésének a forrására. Elkezdesz a jelen pillanatban élni. Ahelyett, hogy válaszokat próbálnál kitalálni a korlátozott nézőpontjaid alapján, megerősíted az univerzumot abban, hogy válaszokkal lásson el.

ADOK-KAPOK KONTRA AJÁNDÉKOZÁS ÉS BEFOGADÁS

Ez a világ eléggé az adok-kapok gyakorlatán alapul. Ezen nézőpont szerint: én ezt adom neked, te pedig azt adod nekem. Ez a cserének egy módja, amibe mindannyian bele vagyunk ragadva. Ha orálisan kielégítelek, akkor úgy érzed, hogy neked is ki kell elégítened engem. Ez egy csere. Én ezt teszem, és ennek fejében most neked azt kell tenned.

Másrészről az ajándékozás során nincs külön csere. Anélkül adsz, hogy cserébe bármit is elvárnál, és ennek eredményeképpen folyamatosan korlátozás nélkül fogadsz be. Az ajándékozás a befogadás, és a befogadás az ajándékozás, minden egyszerre. Az ajándékozással és befogadással rendelkezel azokkal az alkotórészekkel, amelyek megengedik, hogy mindennel valódi egységérzeted legyen. Amikor például kimész a természetbe, az ajándékoz neked? Elvár bármit is cserébe?

A természet folyton ajándékba ad mindent, amije csak van, és ezzel egyidőben mindentől befogad. A gyümölcsfák gyümölcsöt teremnek, és teljesen neked ajándékozzák az egészet. Visszatartanak bármit is ebből?

Amikor van egy virágoskerted telis-tele csupa gyönyörű virággal, akkor az illatukat és a szépségüket ajándékozzák neked, és semmit sem kérnek érte cserébe. Amit befogadnak tőled, az az energia, amit te adsz nekik, és a szépségük iránti hálád.

Az ajándékozás és befogadás helyett, legtöbben az adok-kapok világában élünk. Azt mondjuk: „Ezt adom neked, de elvárom, hogy adj valamit cserébe." Azzal a hátsó szándékkal ajándékozunk, hogy majd valamit visszakapunk ebből. Hányszor volt olyan, hogy amikor megajándékoztak, akkor tudtad, hogy akitől kaptad elvárja, hogy csinálj, adj, hozzájárulj vagy tégy valamit nekik? Sokszor? Így van. *Ha ezt adom neked, akkor cserébe azt add nekem.* Ez az adok-kapok.

Amikor az adok-kapok világban élsz, akkor megsemmisíted az ajándékozást. Ez egy szörnyű hiba, mert amikor valakit megajándékozol, és az valóban ajándékozás, akkor folyamatosan befogadod a bőséget, túl minden elképzelésen. Ha valójában elvárások nélkül ajándékozol, akkor a bőség minden formáját befogadod. De többnyire, ezen a bolygón csak akkor adunk, amikor erre köteleznek minket. Ami van a munkahelyünkön, az a cserének az adok-kapok szerinti megnyilvánulása, nem bőség.

Milyen lenne a világodban, ha olyan nagylelkű lennél, ami megengedné, hogy úgy adj, hogy nem vársz érte semmit cserébe? Hát nem lenne csodálatos? Vajon miért nem engeded meg, hogy ez bejöjjön az életedbe? Talán, mert nem várod el, hogy az emberek befogadják azt, amit adsz nekik—és ők nem is teszik.

Emberek, akik nem tudnak befogadni

Azok az emberek, akik nem tudják befogadni, amit adsz, visszaadják az ajándékodat pár szúrkáló megjegyzéssel csatolva. Meg kell mutatniuk, hogy mennyire nem szerették, mert már az elejétől kezdve nem voltak képesek befogadni.

Egy nő mesélt az apjáról. Próbálta elmondani neki, hogy mennyire törődik vele, mire az apja így válaszolt: „Igen-igen drágám, oké." Nem tudta befogadni. Amikor próbálsz adni valakinek, aki nem tudja befogadni, amit mondasz vagy adsz, azt mindig vissza fogja utasítani. Hogy miért van ez? Mert nem hiszi el, hogy befogadni teljesen rendben van.

Emberek, akik túl sokat adnak

Néhány ember csak ad és ad és ad, és azt gondolja, hogy mások boldogok lesznek attól, hogy ilyen sokat ad. Ez ajándékozás? Nem, mert viszonzást várnak. Működik? A másik személy boldog ettől? Nem. Általában azt mondják: *Rendben, többet veszek el belőle—és még többet—és mid van még? Azt is elveszem.*

Te is elkövetted valaha azt, hogy megszokásból túl sokat adtál? A gyerekeidnek túl sokat adsz? Hálásak érte, amit adsz nekik? A gyerekeimnél úgy van, hogy minél többet adok nekik, annál több kell nekik. A gyerekek, ahogy Mary barátom mondja, az utolsó bőrt is lenyúzzák rólad, anélkül, hogy megköszönnék. Azt várják el, hogy mindig adj nekik, és mindig elvesznek tőled. Nem látják szükségesnek, hogy megbecsüljék az ajándékot. Nem tartják ajándéknak azt, amit adsz nekik. Azt gondolják, hogy bármit is adsz, az jár nekik.

Bármikor is adsz valakinek, aki úgy érzi, hogy jogosult arra, hogy kapjon, vagy aki úgy gondolja, hogy adnod kell, mert van pénzed, vagy, mert megteheted—az nem igazán tiszta. Nem lesz őszinte öröm abban, hogy adsz, vagy a befogadásában sem. Ha van egy barátod, akinek nincs elég, talán megpróbálsz adni neki, hogy segíts, majd hamarosan azon kaphatod magad, hogy folyton csak adsz neki, és ennek soha nincs vége. Ez történik, amikor az adok-kapok programban élsz. Lehetséges, hogy miközben adsz azt hiszed, hogy neked tényleg nem kellene befogadnod? Lehetséges, hogy úgy érzed, hogy neked mindig adnod kell, de soha nem fogadhatsz be?

Néhány ember azért ad, hogy a másik kevesebbnek érezze magát. Ismerünk egy hölgyet, aki az embereknek állandóan iszonyú drága ajándékokat adott. Az egyik barátja, akit ez nagyon zavart, azt mondta nekem: „Nem tudok neki semmit adni cserébe, mert nem tudok hasonló értékű ajándékot venni, mint amennyit ő költött rám." Beszélgettünk erről egy darabig, és rájött, hogy a barátja ajándékozásának az volt a célja, hogy ellökje magától az embereket, és habár többet kaptak tőle, mégis kevesebbnek érezték magukat.

Az adok-kapok és az ajándékozás és befogadás mindenféle kapcsolatban előfordul. Ha olyan kapcsolatban vagy, ahol úgy érzed, hogy 150 százalékot kell adnod, általában olyannal kerülsz össze, aki hajlandó elvenni azt a 150 százalékot. Nem találsz olyat, aki annyit ad, mint te. De amikor egy kapcsolatban tényleg ajándékozol és befogadsz, akkor ennek eredményeképpen az illető egyszerre fog ajándékozni neked és befogadni is tőled. Te pedig egyszerre ajándékozol nekik és be is fogadsz.

Az adok-kapok főkönyv és mérleg szerinti világában élsz?

Gyakran, amikor az emberek korlátozva vannak a dolgok birtoklásában, olyan nézőpontot alakítanak ki, ami azt mondja: *Ez az enyém, és tudom, hogy mennyi van belőle, és jobban jársz, ha nem próbálsz meg elvenni a dióimból, a fenébe is.* Ezek az emberek az adok-kapok főkönyv és mérleg szerinti világában élnek. Ismersz olyan embereket, akiknek mindig egyensúlyban kell tartaniuk a számlát? Ilyen dolgokat mondanak, mint: „A számla 37,50 dollár. Ha elosztjuk, az fejenként 18,75 dollár. Oké, tartozol nekem 18,75 dollárral." „Ez az én kajám. Ne edd meg az avokádóimat!" Az ilyen fajta gondolkodás eredménye az, hogy nem élnek bőségben. Nem élhetsz főkönyv és mérleg szerinti világban, miközben az élet bőségében hiszel. Mi történne, ha egy teljesen más nézőpontot vennél fel: *Szeretnéd? Tessék, vedd el!*

Amikor megszabadulsz attól az elképzeléstől, hogy meg kell szereznem a részemet, akkor megtapasztalhatod az univerzum bőségét. Ha teljes bőségben vagy, akkor érdekel, ha a szobatársad megeszi az avokádót, amiről azt gondoltad, hogy a tied? Ha végtelen lény vagy végtelen forrással, végtelen lehetőséggel, hogyan tudnak valaha is elvenni tőled? Komolyan. Tudsz valaha is túl sokat ajándékozni?

Az univerzum végtelenül bőséges

Az egyik, amiben az ajándékozással és befogadással kapcsolatban megváltoztattam a saját nézőpontomat, az volt, hogy gyakoroltam, hogy elvárás nélkül adok. Egyszer egy barátommal elmentünk egy étterembe. Rendeltem egy csésze kávét és egy fánkot, a barátom egy csésze teát kért. A pincérnő 45 év körül lehetett. Először kihozott a barátomnak egy kanalat, aztán visszament és hozott nekem is egy kanalat. Aztán meghozta nekem a csésze kávét. Aztán visszament és hozta a teát, aztán a tejszínt és végül a fánkot.

Megkérdeztem tőle: „Nehéz napod van?"

Könnyes lett a szeme és azt mondta: „Még soha nem dolgoztam ezelőtt. Ez a legelső munkám. Nem tudom, hogy kell csinálni. Túlterhelt vagyok."

„Ne aggódj, jobb lesz. Hamar hozzá fogsz szokni." – mondtam.

„Köszönöm. Ez nagyon kedves." – válaszolta.

Kihozta a számlát, ami 5,12 dollár volt, hagytam neki 10,12 dollárt.

Ahogy sétáltunk ki az ajtón, rohant utánunk, „Uram, uram, túl sok pénzt hagyott nekem!"

„Nem. Ez a borravaló. Azért, hogy tudd, hogy jól csinálod." – mondtam. Lehetett látni, ahogy az egész univerzuma kivirult.

Egy másik alkalommal, New Yorkban sétáltam, ebédelni indultam, és egy fiatal srác ült az utcán egy nagy vágással a lábán, és egy konzerves doboz volt előtte. Senki nem tett bele pénzt. Ebédről visszafelé, anélkül, hogy ránéztem volna, egy 20 dollárost tettem a dobozba, erre ő: „Köszönöm uram. Úristen! Isten áldja! Isten áldja! Köszönöm!" Éreztem, ahogy az energia csak úgy sugároz ki belőle, mert valaki látta őt, elismerte és ajándékozott neki minden elvárás nélkül. Nem egy hatalmas nagy összeg—és nem is egy: *Nesze, te kis ingyenélő*—de arra elég, hogy valóban megengedhessen magának egy finom ételt.

Ha ilyesmi dolgokat csinálsz, akkor ledöntöd azt az elképzelést, hogy nincs bőség a világban. Meg kell tenned. Valóra kell váltanod.

Amikor a válás után kiköltöztem a házamból, volt egy rakás régiségem, amit el akartam adni, de ahelyett, hogy ezt tettem volna, egy régiségkereskedő barátomnak adtam, akinek több pénze volt, mint nekem. Minden régiségemet neki adtam, és ez borzasztóan összezavarta. Nem értette, hogy miért ajándékoztam neki, hisz neki sokkal többmindene volt, mint nekem. Az ő nézőpontja az volt, hogy annak kell adnom, akinek kevesebbje van, mint nekem. Ettől az elgondolástól kell megszabadulnod.

Amikor azok, akiknek sok pénzük van, olyan emberekkel mennek el valahova, akiknek kevesebb van, a kevesebb pénzzel rendelkezők általában elvárják, hogy az fizessen, akinek több van. Amikor olyan emberekkel megyek el vacsorázni, akiknek sok pénzük van, mindig úgy alakítom, hogy én fizessek. Nem tudják, mit kezdjenek ezzel. Többé már nem vagyok kevesebb náluk. Te is játszhatsz ezzel. Néhanapján fizess te. Nézd meg mi történik.

Az élet értelme a móka, és talán a pénz értelme az, hogy felrobbantsa az emberek paradigmáit. Amit igazából teszel, az az, hogy aszerint az elgondolás szerint élsz, hogy az univerzum bősége végtelen, és amikor ebből működsz, akkor minden jobbá válik az életedben.

EMBER VAGY HUMANOID: MELYIK VAGY TE?

Az egyik legváratlanabb dolog, amit az Access-szel való munkánk során felfedeztünk, az az éberség, miszerint úgy tűnik, hogy két faj létezik a Földön , az emberek és a humanoidok.

Az emberek mindenki mást elítélve élnek, és úgy gondolják, hogy ilyen az élet, és soha semmi sincs rendben, nem nagyon érdekli őket, hogy akár más lehetőséget is számba vegyenek.

A humanoidok keresik a módját, hogy miként tehetik jobbá a dolgokat. Ha kitalálsz dolgokat, ha felkutatsz dolgokat, ha mindig a jobb és nagyszerűbb módját keresed annak, hogy megteremts valamit, akkor humanoid vagy, nem ember. A humanoidok azok, akik a változást teremtik. Ők hozzák létre a találmányokat, a zenét és a költészetet. Ők teremtik az összes változást, ami a status quo-val kapcsolatos elégedetlenségből fakad.

„Nos, ha szereznél egy TV-t . . ."

Nekünk, humanoidoknak rendkívüli megkönnyebülést okoz, ha tudjuk, hogy minket mindig megítélnek és soha nem illeszkedünk be. Annyira erősen próbáljuk, de nem sikerül beillesztenünk magunkat az emberi formába. Legtöbbünk kétségbeesetten igyekszik megérteni és beilleszkedni az emberi pénzügyi valóságba—és minden másba. Az emberek azt mondják nekünk: „Nos, ha szereznél egy TV-t, egy új autót és egy állandó munkát, jól meglennél.."

Az elképzelés, hogy kihangsúlyozzuk a különbséget emberek és humanoidok között, nem arról szól, hogy ítélkezzünk az emberek felett. Hanem arról, hogy éberré váljunk arra, hogy mi humanoidok mennyire ítélkezünk maguk fölött.

A humanoidok magukat bírálják

Az egyik legfontosabb dolog, amit a humanoidokról tudni kell, hogy önmaguk ítélkezésében csücsülnek. A humanoidok úgy gondolják, hogy valami nem stimmel velük, mert ők nem olyanok, mint mindenki más körülöttük. Azt kérdezik maguktól: „Mi a baj velem, hogy ezt nem tudom megérteni? Miért nem tudok olyan lenni, mint ez a másik személy? Miért nem érem be kevesebbel? Mi a baj velem?" Hatalmas mennyiségű ítélkezést tudnak maguk ellen felhozni. Azon tünődnek, hogy miért nem értik, amit mindenki más megért, és miért nem csinálják azt, amit mindenki más csinál.

Amikor valaki hazudik egy humanoidnak, vagy valami rosszat tesz ellenük, a humanoidok azt megfordítják, és azt keresik, hogy mit rontottak el. Egy humanoid barátom már régóta üzleti kapcsolatban volt a társával, és egy nap arról kezdett el beszélni, hogy hogyan lehet, hogy az üzlete látszólag nem hoz pénzt.

„Valami nem stimmel itt. Jobb, ha utánanézel a könyvelésnek. Szerintem az üzlettársad átver téged." – mondtam neki.

„Ó, ő sosem verne át engem." – válaszolta.

„Ránéznél erre?" – kérdeztem.

Úgy döntött, hogy közelebbről megvizsgálja a könyvelést, és amikor az üzlettársa rájött erre, mérges lett, és sok mindennel megvádolta. Mire a barátom elkezdte magát rettenetesen bírálni, hogy mekkora egy áruló, amiért nem hitt a társában.

Egy hónappal később a barátom rájött, hogy a partnere átveri őt.

A humanoid barátom mikor rájött, hogy a társa átveri őt, úgy reagált, hogy hatalmas mennyiségű ítélkezést zúdított magára, míg a partnere reakciója csupán ennyi volt: „Ez mind a te hibád. Ha nem lettél volna ennyire szar partner, mindez nem történt volna meg."

Ez minden, ami van

Az embereknek a leghalványabb fogalmuk sincs arról, hogy ők végtelen lények, végtelen lehetőségekkel. Nem hisznek a reinkarnációban. Úgy vélik, hogy ez minden, ami van. Ilyen dolgokat mondanak, mint: „Élsz, meghalsz, és a kukacok eledeleként végzed."

Beszélgettem a mostoha apámmal, miután szívinfarktust kapott, ő teljesen biztos, hogy ember volt. „Apa, milyen volt, mikor infarktust kaptál?" – kérdeztem tőle. Senki nem tette fel neki ezt a kérdést.

„Nos, emlékszem, hogy az infarktus alatt a testemen kívül állok és nézem azt . . . " – válaszolta. Elhalkult, majd ismét előlről kezdte.

„Nos, volt egy infarktusom és aztán láttam, ahogy ráteszik az elektródákat a mellkasomra. . ." Újra megállt a mondat közepén, várt egy percet és újra kezdte. „Nos," végül azt mondta, „Volt egy infarktusom, és rátették az elektródákat a mellkasomra, és sokkoltak."

Számára nem létezhetett olyan valóság, amelyben a testén kívülről nézte, hogy megtörténnek ezek a dolgok. Ez egy nagyszerű példa volt arra, hogy mi történik az emberekkel, amikor nem tudják elfogadni azt, ami nem fér bele az ítélkezéssel teli valóságukba. Az ő valósága az volt, hogy te a testedben vagy, és ez minden. Egy embernek nem lehet semmi olyan nézőpontja, ami nem passzol ahhoz a nézőponthoz, hogy „Ez minden, ami van". Az emberek nem hisznek más lehetőségekben. Nem hisznek a csodákban és a varázslatban. Az orvosok, az ügyvédek és az indián főnökök teremtenek mindent. Az emberek semmit.

A népesség negyvenhét százaléka humanoid, és ők a teremtői mindennek, ami változik ebben a Föld bolygó valóságban. Ötvenkét százalék ember. (És a fennmaradó egy százalék? Egy nap elmondjuk, kik ők!) Az emberek úgy akarják fenntartani a dolgokat, amilyenek, és soha nem akarják, hogy bármi is megváltozzon. Voltál már olyan ember házában, ahol már harminc éve nem cserélték le a bútorokat? Ember.

Az emberek ugyanazon a környéken laknak mindaddig, amíg leromlik, majd ahelyett, hogy elköltöznének, inkább rácsokat tesznek az ablakokra, hogy kívül tartsák a betörőket. És ki néz kifelé a rácsokon? Elnézést, de pont most tetted magad börtönlakóvá! Azok a vállalkozók is emberek, akik kiírtják az összes növényt és fát, hogy aztán újjáépíthessenek egy házat. Mindent megölnek azért, hogy teremtsenek. „Ennek ez a módja," ezt mondják. „Kinyírunk mindent, és rendben lesz."

Az emberek másokat bírálva élnek, mert az életükben minden az ítélkezés, a döntés, a kényszerítés és erőfeszítés körül forog. Ez az egyetlen tér, amiből teremtenek. Gondolj valakire, akiről tudod, hogy ember. Érzékeld a tudatosságát. Most érzékeld egy szikla tudatosságát. Melyik a könnyebb? A szikláé? Oké. Több tudatosság van a sziklában, akkor miért lógunk emberekkel? Mindannyiunknak vannak ember barátai és családtagjai, de ők folyamatosan bírálnak minket és közlik velünk, hogy milyen rosszul csinálunk mindent. Az emberek ítélkezései rólunk tovább súlyosbítják azt a tényt, hogy mi humanoidok hajlamosak vagyunk magunkat bírálni.

Ismerd el, hogy humanoid vagy

Mi történik, ha nem ismered el a humanoid kapacitásod teljességét? Ha nem érted és nem ismered el, hogy humanoid vagy, akkor az emberi nézőpontok alapján próbálsz teremteni. Egy korlátozott lehetőséget hiszel el és teremtesz meg magadnak. Egy ember azt mondaná: „Mutasd meg a lépéseket," és szorgalmasan végrehajt minden lépést egymás után, de neked mint humanoidnak megvan a képességed, hogy könnyedén átlásd az egészet A-tól Z-ig. Nekivágsz, bumm-bumm és megkapsz bármit, amire vágysz, de a legtöbbünk nem ismeri el, hogy követeli magáénak ezt a lehetőséget. Próbálunk berendezkedni az emberi létezésbe.

Ez hiba, mert az emberek elégedettek a dolgok állásával, és nem akarják, hogy bármi is megváltozzon—eközben a humanoidok ki akarnak terjedni és bőségben lenni és kreatívnak lenni. Ha érdekel a kiterjedés, és hogy bőségben, kényelemben és kreativitásban gazdag életed legyen, akkor hagyd abba, hogy megpróbálod belegyömöszölni magad az emberi formába. Ismerd el, hogy te humanoid vagy—és követeled meg a képességedet, hogy csatlakozz a gazdagok és híresek táborához.

HUMANOIDOK, MUNKA ÉS PÉNZ

Humanoidok nem a pénzért dolgoznak

Az egyik legérdekesebb különbség emberek és humanoidok között, hogy a humanoidok nem a pénzért dolgoznak. Amikor egy humanoid teremt valamit, vagy szolgáltatást nyújt, és valaki más tényleg befogadja azt, akkor kiegyenlítve érzi a dolgot. Számukra ez a csereüzlet. Azt mondják: „Ejha. Ez király!", és ezzel kész is. Elfogadták az ajándékukat. Ez a csere vége. Az energiájuk ezzel válik teljessé.

A pénznek semmi köze a humanoidok teremtő kapacitásához, vagy hogy mi motiválja őket. A pénz egy melléktermék. Egy másodlagos eredmény. Olyan, mint a szar. A legtöbb humanoid jobban szeretne nem foglalkozni a pénzzel, és nem fordítani rá figyelmet, mert annak semmi köze a teremtő képességükhöz. Számukra a munka, vagy a teremtés az a rész, ami mókás. Miután létrehoznak valamit, körbenéznek, és azt kérdezik, „Mi mást teremthetek?" A teremtés mozgatja számukra az energiát. Minden energia a humanoid unverzumban a teremtés irányába halad.

Ha humanoid vagy - és szerintünk az vagy - fontos, hogy éber legyél erre, mert ha nem vagy hajlandó befogadni a munkád vagy a szolgáltatásod melléktermékét, akkor nem fogsz kapni pénzt. Valójában inkább el fogod taszítani magadtól. Meg fogod állítani, hogy beáramoljon hozzád a pénz. Vissza fogod utasítani, hogy begyűjtsd, még akkor is, ha az jár neked. Nem fogod elkérni.

Amikor itt az ideje elkérni a pénzt, akkor a humanoidok ezt mondják, *Hááát… most szeretnél fizetni, vagy talán később?*

Nehezükre esik pénzt elkérni a munkájukért, mert tényleg mindaz, amit akarnak, hogy elfogadják az ajándékukat.

Az emberek számára viszont ez tiszta sor: ők a pénzért dolgoznak. Egy ember vállalkozó vagy területfejlesztő megjelenik a helyszínen és kiírtja az összes fát és mindent, ami a földön él és épít valami újat betonból, mindezt a pénzért, amit kapni fog érte. Megteszi a pénzért.

A humanoidok összezavarodnak, mert ők nem tudnak valamit csak a pénzért csinálni, mégis azzal a nézőponttal nőttek fel, hogy *Csakis pénzért végezz munkát, és ha nem fizetnek meg érte, akkor nem érdemes elvégezned.* Próbálunk beilleszkedni az emberek pénzzel kapcsolatos valóságába, és ez óriási nehézséget okoz nekünk. Meg kell értenünk, hogy nekünk, humanoidoknak más nézeteink vannak, és emellett hajlandónak kell lennünk befogadni a törekvéseink melléktermékét. Képesnek kell lennünk elkérni—és befogadni—a pénzt.

HATODIK FEJEZET

ÜNNEPELD A BŐSÉGEDET

AZ UNIVERZUM SZEGÉNYSÉGÉT HIRDETED ANNAK BŐSÉGE HELYETT?

Néhány ember úgy érzi, hogy többet kapott az élettől, mint amennyit megérdemel, és bírálja magát, amiért több jutott neki, mint másoknak. Arra tanították őket, hogy osztozkodniuk kell mindenen, és senkinek sem lehetne több, mint másnak. Náluk otthon mindenki egyenlő szeletet kapott a tortából, kivéve apát. Általában ő nagyobb szeletet kapott, mert ő volt a kenyérkereső.

Talán nálatok is így volt? Az egyenlő elosztás valóságában hiszel? Az univerzum szegénységét hirdeted annak a bősége helyett? Hadd kérdezzelek meg: Mi a rossz abban, ha az univerzum bőségét hirdetjük a szegénysége helyett? Nem szeretnéd feladni a szegénységet, amit igazságodnak tartasz? Nem osztoznál inkább az univerzum végtelen bőségében?

Te teljes bőségben élsz

Volt olyan előző életed, amelyben piszkosul gazdag voltál? Igen, volt. Folyton azon tűnődsz, hogy *ebben az életben hol a fenében van a pénz? A fenébe is, mostanra már fel kellett volna bukkannia.*

Volt olyan előző életed, amelyben teljesen csóró voltál? Biztosra veheted. Hány előző életedben volt az, hogy éppenhogy csak túléltél? És most is folytatod, hogy egyszerűen csak túlélsz? Hajlandó vagy feladni az egyszerűen csak túlélni nézőpontot?

Ragadd meg azt az érzést, hogy *Úristen, épphogy csak túlélek.* Tedd ezt végtelenné, nagyobbá, mint az univerzum. Mi történik vele? Még szilárdabbá válik, vagy eltűnik? Eltűnik, ami azt jelenti, hogy egy hazugság. Te mint végtelen lény nem tudsz épphogy csak túlélni. Te teljes bőségben vagy.

Az univerzum és még a Föld is egy hihetetlenül bőséges hely. Az egyetlen oka annak, hogy bárhol is csupasz folt van, az, hogy az emberek elég hülyék voltak ahhoz, hogy teljesen kizsákmányolják. A természet minden egyes négyzetcentimétert élettel tölt be. Amikor a sivatagban vagy, az üres? Nem. Még a sivatagban is mindenhol van élet. Vannak növények, bogarak és mindenféle csúszómászók. Minden egyes négyzetcentiméterre jut valami.

Hogyan tudsz úgy élni, hogy az nem bőséges? Úgy, hogy elhiszed, hogy hiány van. Elsajátítod azt a nézőpontot, hogy nincs bőség, mert nem tudod kitalálni, hogy az honnan fog jönni. Nem látod, hogy a bőség valójában mindenhol ott van körülötted.

Azt gondoljuk, hogy: *Ó, lesz pénzem a jövőben,* vagy *Volt pénzem a múltban,* de nem látjuk, hogy mi már most is teljes bőségben vagyunk.

Átöleled az elképzelést, hogy most azonnal itt lehet a pénz?

Csukd be a szemed most rögtön és lásd, ahogy a pénz jön feléd. Hátulról, vagy elölről jön, jobbról, vagy balról, vagy fentről, vagy lentről? Ha azt látod, hogy a pénz elölről jön, akkor az elképzelés az, hogy lesz pénzed a jövőben. De mikor érkezik el a jövő? Soha. Te mindig magad előtt keresed a pénzt. Olyan vagy, mint a szamár a répával az orra előtt. Mindig egy jövőbeli esemény után kutatsz.

Ha jobbról látod jönni a pénzt, akkor az a nézőpont, hogy keményen meg kell dolgoznod érte. Ha balról jön, akkor az a nézőpont, hogy adományként jön. Valaki adományt fog neked adni, hogy meggazdagodj.

Azt láttad, hogy a hátad mögül jön? Az azt jelenti, hogy volt valaha, de többé már nem lesz.

Ha úgy láttad, hogy felülről jön, az azt jelenti, hogy azt gondolod, hogy majd Isten fog neked adni, mert senki más nem fog.

Azt láttad, hogy a földből jön? Akkor jobb, ha gazda leszel, mert azt gondolod, hogy onnan fog jönni. A talpad alól fog kinőni. Vagy elmehetsz opált bányászni, hogy így találd meg.

Milyen lenne, ha engednéd, hogy minden irányból áramoljon hozzád a pénz?

Milyen lenne, ha engednéd, hogy a pénz folyamatosan minden irányból áramoljon hozzád? Ragadd meg ezt az érzést. Most tedd végtelenné, nagyobbá, mint az univerzum. Még szilárdabbá vált, vagy inkább kevésbé? Tartsd meg ezt az érzést, és holnapra lesz pénzed.

Ennek a vizualizációnak az a célja, hogy tiszta képet kapj arról, hogy mit hiszel, honnan jön a pénz. Ha úgy látod, hogy ez a jövőből jön, akkor nem várod, hogy a pénz most azonnal jöjjön.

Ha úgy tekintesz rá, hogy majd holnap, meg azután és azután, akkor a mai számlák mikor lesznek kifizetve? Holnap, vagy tegnap, vagy soha nem lesznek kifizetve. Ez bennetart a sietség körforgásában, hogy gondját viseld a dolgoknak ahelyett, hogy jelen lennél azzal, ami elérhető számodra.

Ha teljes mértékben tudatos lennél, ha egységben lennél mindennel, ha az a humanoid lennél, aki valójában vagy, és ha a tér, idő, dimenzió és realitás esztétikájából működnél, amelyben ítélkezés nem létezhet, akkor a pénz egyszerűen lehetne az életed része ahelyett, hogy mindennek a végső célja lenne.

Találd ki, hogy miről szól a pénz birtoklása

A legtöbb ember célul tűzi ki a pénzt, vagy szükségessé teszi azt. Olyan dolgokat mondanak, mint: *Bárcsak volna pénzem,* vagy *Ha legalább pénzem volna,* vagy *A pénz által fogok azzá válni.* Egyik sem valóságos. Ezek azok az elképzelések, amikre valójában lecseréltük azt, hogy megengedjük magunknak, hogy mindenünk meglegyen az életben, ami csak lehetséges. Amikor ezt csinálod, akkor a pénzt szörnyen jelentőségtelivé teszed ahelyett, hogy olyannak látnád, mint egy virágot, ami a kertedben nő. Ha annyi időt töltenél a pénz gondozásával, táplálásával, trágyázásával, öntözésével, és annyira odafigyelnél rá, mint a virágaidra, nem gondolod, hogy az talán az életedben is gyarapodna? Nem azt javaslom, hogy ültess pénzt a földbe, de tudom jól, hogy működik, ha így gondolsz rá. Képesnek kell lenned befogadni a pénzt? Abszolút. Nyitottnak kell lenned a befogadására. Találd ki, miről szól a pénz birtoklása. A befogadás képességéről.

Mi a helyzet az önállósággal?

Néha az emberek megkérdeznek: *Mi a helyzet az önállósággal?* Én visszakérdezek: *Miért akarsz önálló lenni? Nem lenne jobb képesnek lenni arra, hogy mindent befogadsz?* Minden lehetséges, amikor hajlandó vagy befogadni.

A legtöbbünk hozott olyan döntést, hogy *Magamra kell támaszkodnom*, ami azt jelenti, hogy mindannyian egyedül vagyunk. Amikor az az elképzelésed, hogy, *Önálló vagyok, Teljesen egyedül vagyok, Egymagam csinálom*, megcsinálom egyedül, akkor mennyi segítséget vagy hajlandó befogadni? Semennyit. Mennyi segítséget kapsz? Semennyit. Annyira elfoglalt vagy, hogy bebizonyítsd, hogy egymagad kell megcsinálnod, hogy nem hagyod, hogy mások segítségedre legyenek a pénz teremtésében. Ezt csinálod: *Bebizonyítom, hogy senkire sincs szükségem. Nem érdekel, hogy mit mondasz. Nincs szükségem rád. Menj el.*

Az igazság természetesen az, hogy a pénz szívesen szolgál téged. Azt gondolja, hogy az a munkája, hogy a szolgád legyen. Te ezt nem is tudtad, igaz? A pénz azt hiszi, hogy szolgálnia kell. Az, aki szolgáltatást nyújt, az a te rabszolgád vagy szolgád. Abbahagynád, hogy a pénzt szolgálod, és megengednéd, hogy mostantól a pénz szolgáljon téged?

MI LENNE, HA MINDEN NAP MEGÜNNEPELNÉD AZ ÉLETED?

Ha nem ünnepled az életed, ha nem teszed azt ünneppé, ha az életed teremtése a kötelesség, a munka, a trauma, a dráma, a szomorúság és az ármánykodás körül forog, akkor mi fog megjelenni az életedben? Még több hasonló. De ha elkezded úgy teremteni az életed, mint egy ünnepet, akkor különböző lehetőségek fognak felbukkanni.

Amikor elváltunk a feleségemmel, kiköltöztem a házunkból, és nagyon kevés dolgot vittem magammal. Kaptam egy jó állapotú porcelán készletet az ötből, egy színtiszta ezüst étkészletet az ötből, egy serpenyőt, egy spatulát, egy kanalat és egy faragott készletet, ami az apámé volt. Elvittem egy régi étkészletet, azt, ami az ex-feleségemnek nem tetszett, mert mindegyik csorba volt, néhány régi szedett-vedett poharat, ami senkinek nem kellett, és néhány kávésbögrét, amik bűn rondák voltak. Ez volt a teljes konyhafelszerelésem. Ezeket vittem magammal az új helyemre.

A szép porcelánt eltettem ünnepnapokra és vacsorapartikra, amiket majd egy nap rendezni fogok. Biztos vagyok benne, hogy majd 16 embernek fogok felszolgálni a pici kerekasztalnál, nem? És az összes csúnya, régi dolgot, amim csak volt a konyhaszekrénybe tettem.

Majd egy nap ránéztem és azt mondtam: „Várjunk csak. Ünnepi alkalmakra tartogatom ezeket a dolgokat, én pedig úgy élek, mint egy koldus. Különben is, kinek az életét élem? Az enyémet? Azt akarom, hogy ünneplés legyen az életem."

Elővettem az összes szép porcelánt, és azt mondtam: „Ha reggelizés közben eltörök egy müzlis tálat, akkor 38 dollárba fog kerülni, hogy pótoljam. De kit érdekel? Az én tányérom, ha eltöröm őket, 16 dollár egy darab. És akkor mi van? Használni fogom a György korabeli ezüst étkészletet is. A kanalak darabjának ára 360 dollár. Megérdemlem."

Elmentem és vettem kristálypoharakat, hogy abból igyak. Elég volt azokból a régi, vastag poharakból, amik még akkor sem törnek el, ha leejted a padlóra. Valami olyat szerettem volna, amit, ha véletlenül felborítok, akkor ÖSSZETÖRIK!

Az életnek ünnepnek kell lennie. Ha nem ünnepled az életed, akkor nem is élsz. Az életben minden napnak egy orgazmikus élménynek kellene lennie. Nem kellene olyannak lennie az életedben, amit el kell viselned, amit meg kell tenned, és ami valahonnan megmaradt. Egy csomag maradékként fogod tölteni az életed, vagy inkább ünnepként teremted magad?

Mindig van pezsgőm—nem az olcsó szar pezsgő—hanem jó pezsgő, legalább öt üveggel a hűtőmben. Néha pezsgő és kaviár a vacsorám, csak mert megtehetem.

Ha az életed ünneppé varázsolod, ha az életben az örömöt keresed a rosszkedv helyett, akkor egy teljesen más valóságot fogsz teremteni. Nem ez az, amit valóban szeretnél?

Ma legyen életed legjobb napja

Amikor elmentem a sógorom negyvenedik születésnapjára, minden férfi a nappaliban arról beszélt, hogy életük legjobb időszaka tizennyolc éves korukban volt a középiskolában. Király kocsijuk volt, és sportolók voltak. A nők mind a konyhában voltak, és arról beszéltek, hogy az volt életük legjobb időszaka, amikor megszületett a babájuk. Aztán rám került a sor, és tőlem is megkérdezték: „Mikor volt az életed legjobb időszaka?"

Azt mondtam: „Ma, és ha nem így van, akkor kiloccsantom a kib------- agyamat." Ezután már nem voltam olyan népszerű. Ma legyen az életed legjobb napja. Ha a mai nap nem az életed legjobb napja, akkor mi a francért vagy még életben?

Csak ma, az életem egy ünnep lesz

Emlékeztesd magad minden nap, hogy tedd az életed egy ünneppé. Keresd az élet örömét. Minden reggel mondd: *Csak ma, az életem ünnep lesz*, és figyelj az új lehetőségekre, amik felbukkannak.

KÉRD AZ ÉLETED NAGYSZERŰSÉGÉT

Kérj és megadatik, ez az egyik igazság a Bibliában.

Tehát, mit fogsz kérni? A nagyszerűségedet? Ha kéred, hogy mutatkozzon meg a nagyszerűséged, akkor mindenféle más dolgok is jönni fognak azzal együtt. Kérd az életed nagyszerűségét. Kérd az élet örömét és ünnepét. Ne csak pénzt kérj, mert a pénznek semmi köze az élet nagyszerűségéhez. De neked van.

Ha az életed nagyszerűségét kéred, ha annak a nagyszerűségét kéred, aki vagy, és ha kéred, hogy az életed maga legyen az ünnep, akkor végtelen lehetőségeid lesznek. Ha csak pénzt kérsz, semmi sem fog megjelenni, mert a pénz nem az energia. A pénz csak egy eszköz, amit arra használsz, hogy eljuss oda. Kérd a te nagyszerűségedet.

Ha van bátorságod kérni, akkor tudsz befogadni.

MINDENT FIGYELEMBE VÉVE MI A TIÉD VALÓJÁBAN?

A Mexikói-öböl partvidékén tomboló hurrikán néhány túlélőjével készítettek egy interjút mostanában a tévében. A riporter megkérdezett egy fickót, akinek odaveszett a háza: „Hogy érzed magad a hurrikán miatt?", erre ő azt válaszolta: „Nos, tudod, leköltöztem ide a Mexikói-öböl partvidékére, és magammal hoztam minden evilági javamat, az összes családi fotót, mindent, amiről azt gondoltam, hogy értékes számomra, és most mindebből csak egy deszka maradt. Mindenem, amim volt, elfújta a szél. De tudod mit? Én továbbra is itt vagyok magamnak."

Hasonló történt egy nagy földrengés után Kaliforniában. Egy riporter a tévében megkérdezett valakit: „Hogy érzed magad a földrengés miatt?" Erre a férfi: „A feleségem és én a hálószobában voltunk a lakás harmadik emeletén. Mélyen aludtam. Ruha nélkül. Hirtelen egy nagy rázkódást éreztem és hirtelen a földön voltam. Azt sem tudtam, mi merre van, mellettem találtam egy nadrágot, szóval gyorsan felkaptam. A feleségem felkapta a köntösét, ami ott hevert mellette. Az egyetlen dolog, amit sikerült megtalálni, az egy esküvői kép volt a feleségemről. Fogalmunk sincs, hogy hol vannak a ruháink, vagy hogy egyáltalán hol vannak a dolgaink. Semmit sem találunk. De tudod mit? Mi még mindig itt vagyunk egymásnak."

Amikor már mindent elvesztettél, akkor valójóban mid marad?

Te magad.

Te vagy a saját életed kiindulópontja. Te vagy a kiindulópontja a pénzed, a jóléted, az erőd, és minden egyéb megteremtésének. Függetlenül attól, hogy mekkora volt a katasztrófa, függetlenül attól, hogy mi mindened veszett oda, te mindig ott leszel magadnak. Te vagy a kiindulópontja mindennek, ami az életedben történik.

MEG TUDOD VÁLTOZTATNI AZT, AHOGYAN ÁRAMLIK A PÉNZ AZ ÉLETEDBE

- Tedd félre a tíz százalékát minden bevételednek. Tedd félre a te Egyházadnak.

- Hordj a zsebedben sok pénzt—de ne költsd el.

- Több napon keresztül kérdezd magadtól az érzékelni, tudni, létezni és befogadni kérdést—vagy akár heteken át—addig, amíg el nem kezded látni a változást. Ez egy nagyszerű módszer, hogy éberré válj arra, ami visszatart. *Érzékeljem, tudjam, létezzem és fogadjam be azt, amit elutasítok, nem merek, soha nem szabad vagy mindig kell érzékelni, tudni, létezni és befogadni, ami megengedi, hogy teljes tisztánlátásom és könnyedségem legyen vele.* Vagy használd az egyszerűsített verziót, *Mit kell érzékelnem, tudnom, léteznem és befogadnom, ami megengedné nekem, hogy...?*

- Ne ítélkezz magad felett. Értsd meg, hogy humanoid vagy. Ez egy tisztességtelen előnyhöz juttat téged a világ többi részével szemben. Fogadd el! Ezt tükrözi az életed? Van sok pénzed? Meg fogod teremteni.

- Amikor elkezded bírálni magad, tedd fel ezt a kérdést: *Ez az enyém?* A gondolataid, érzéseid és érzelmeid kilencvennyolc százaléka nem hozzád tartozik. Sokkal több médiumi képességgel rendelkezel, mint azt elismernéd. Amikor felteszed magadnak a kérdést: *Ez tényleg az enyém?*, akkor leszel tisztában a ténnyel, hogy nincsenek gondolataid. Lényegében üresfejű vagy.

- Éld az életed tízmásodperces lépésekben. Ha nem tízmásodperces lépésben éled az életed, akkor nem élsz választásban. Ha folyamatosan tízmásodperces lépésekben teremtesz, akkor nem tudsz hibázni, mert tíz másodpercig tudsz valami hülyeséget és őrültséget választani, és tíz másodperccel később meg tudod azt változtatni.

- Használd az energia áramoltatásokat. Ha megpróbálsz kapcsolatba kerülni valakivel, vagy ha szeretnéd, hogy visszafizesse neked a tartozását, húzz energiát tőlük a tested és a lényed minden egyes pórusán keresztül, és engedj vissza kis energiaszálakat hozzájuk, így nem tudnak kiverni a fejükből. Nem lesz majd nyugtuk. Addig fogja őket az őrületbe kergetni, amíg vissza nem fizetik neked.

- Kezdj el figyelmet fordítani arra, hogy mit teremtesz. Boldoggá tesz? Ha a dolgok folyamatosan egy bizonyos módon jelennek meg, akkor van ott valami velük kapcsolatban, amit szeretsz. Ha az élet folyamatosan pénz, barátok és egyéb dolgok nélkül jelenik meg, az azért van, mert van valami benne, amit szeretsz megteremteni. Ahogy felismered: *Oké, bizonyára szeretem, nem tudom, hogy miért, de oké, szeretem*, a dolgok elkezdenek megváltozni.

- Élj kérdésben. A kérdés megerősít. A válasz elerőtlenít. Ha az, amit kapsz az életben, nem az, amire vágysz, vedd észre, mi az, amit valójában kérsz, és mi az, amit kapsz. Hogyan tudod ezt megváltoztatni? Tégy fel egy másik kérdést. Amikor felteszel egy kérdést, az Univerzum minden tőle telhetőt megtesz, hogy választ adjon. Ez nem: Ó Istenem, az életem egy szívás. Hanem ez: *Mik a végtelen lehetőségei annak, hogy valami más jelenjen meg az életemben?*

- Amikor a pénz megjelenik az életedben, kérdezd ezt: *Hogyan lehet ez még ennél is jobb?* Amikor a számla megjelenik az életedeben, kérdezd ezt: *Hogyan lehet ez még ennél is jobb?* (Talán kiderül, hogy csak egy hiba volt.) Továbbra is kérdezd: *Hogyan lehet ez még ennél is jobb?*, akár jó, vagy rossz, és az univerzum mindent megtesz, hogy jobbá tegye.

- Mondd ezt: *Az életben minden könnyedén, örömmel és ragyogva árad felém.* Ez a mi mantránk az Accessben: Az életben minden könnyedén, örömmel és ragyogva árad felém. Ez nem egy megerősítés, mert ez nem csak a pozitívról szól. Ez magában foglalja a jót, a rosszat és a csúfot. Mindent könnyedén és örömmel és ragyogva fogadjuk. Semminek sem kell fájdalmasnak, szenvedésnek és véresnek lennie, még akkor sem, ha ez az, ahogy a legtöbbünk éli az életét. Lehet helyette mókában részed. Mi van, ha az élet értelme, hogy egyszerűen csak jól érezd magad? Az életben minden könnyedén, örömmel és ragyogva árad felém. Ismételd el reggel tízszer és este tízszer, megváltoztatja az életed. Tegyél egy tükröt a fürdőszobába. Mondd el a társadnak, hogy azért van ott, mert emlékezned kell rá. Megváltoztatja a társad életét is, csak mert ránéz.

- Hozd meg magadért a döntést, hogy bármi is történjen, nem veszel be régi nézőpontokat. Nem fogod folytatni, hogy kicsinyített életet élj.

- Minden nap úgy teremtsd az életed, mintha egy ünnep volna. Minden reggel mondd azt: *Csak ma, az életem egy ünnep lesz,* és figyeld meg az új lehetőségeket, amik megjelennek.

MEGJEGYZÉS AZ OLVASÓNAK

Az ebben a könyvben bemutatott információ valójában csak egy kis ízelítő mindabból, amit az Access ajánlani tud. Az Access tisztításoknak és kurzusoknak hatalmas tárháza létezik. Ha az életedben vannak olyan területek, amelyek nem úgy működnek, mint ahogy kellene, akkor lehet, hogy érdemes megjelenni egy Access kurzuson, vagy felkeresni egy Access facilitátort, aki veled együtt tud dolgozni, hogy nagyobb tisztánlátáshoz segítsen azon problémákkal kapcsolatban, amiken nem sikerül túljutnod. Az Access tisztításokat képzett facilitátorok végzik, és a te, valamint a veled dolgozó személy energiáján alapulnak.

További információért látogass ide:
www.AccessConsciousness.com

SZÓJEGYZÉK

Bars

A Bars egy kézrátételes Access kezelés, amely során olyan pontokat érintenek a fejen, amelyek az egyén életének különböző aspektusaival állnak kapcsolatban. Vannak pontok az örömre, a szomorúságra, a testre és a szexualitásra, valamint az éberségre, a kedvességre, a hálára, a békére és nyugalomra. Még a pénznek is van bar pontja. Ezeket a pontokat, azért hívják barsnak (a bar magyarul sávot jelent), mert a fej egyik oldalától a másikig futnak.

Lény

Ebben a könyvben a lény szó néha rád hivatkozik, a végtelen lényre, aki valójában vagy, ellentétben a kitalált nézőponttal arról, aminek gondolod magad.

Tisztító mondat (POD/POC)

Így hangzik az Accessben használt tisztító mondat: Helyes és helytelen, jó és rossz, POD, POC, mind a 9, rövidek, fiúk és túlontúl.

Helyes és helytelen, jó és rossz egy rövidítés arra, hogy: Mi az, ami jó, tökéletes és helyes ezzel kapcsolatban? Mi az, ami rossz, hitvány, gonosz, szörnyű, helytelen és borzasztó ezzel kapcsolatban? Mi az, ami helyes és helytelen, jó és rossz?

POC (point of creation) a gondolatok, érzések és érzelmek teremtésének a pontja, mely közvetlenül megelőzi azt, amit eldöntöttél.

POD (point of destruction) a pusztítás pontja, mely közvetlenül megelőzi azt, amit eldöntöttél. Ez olyan, mintha kihúznád a kártyavár alól a legalsó lapot. Az egész leomlik.

Mind a kilenc a kilenc réteg szart jelenti, ami ki lett tisztítva. Tudod, hogy valahol ebben a kilenc rétegben kell, hogy legyen egy póni, mert te nem tehettél ilyen sok szart egymagad erre a helyre anélkül, hogy ott lenne egy póni. Ez mind szar, amit magadnak generálsz, ami a dolog rosszabbik része.

Rövidek a rövidített verziója annak, hogy: Mi a jelentőségteli ezzel kapcsolatban? Mi a jelentéktelen ezzel kapcsolatban? Mi a büntetés ezért? Mi a jutalom ezért?

Fiúk a középpontos gömböket jelenti. Láttad már a gyerekek szappanbuborék fújóját? Itt megfújod, és a túloldalt egy halom buborék jelenik meg. Kipukkantasz egy buborékot, és egy másik tölti be a teret.

Túlontúl ezek érzések, vagy érzékelések, amitől megáll a szíved, a lélegzeted, vagy megállítanak abban, hogy lehetőségeket keress. Ez olyan, mint amikor a céged veszteséges, és kapsz még egy fizetési felszólítást, mire te úgy reagálsz, uh! Erre most nem számítottál.

Néha ahelyett, hogy azt mondanánk, hogy „használd a tisztító mondatot", csak annyit mondunk „POD és POC mindent, ami ez."

Printed in the USA
CPSIA information can be obtained
at www.ICGtesting.com
LVHW031550161023
761239LV00002B/332

9 781634 934077